高等教育与青年德育的协同发展研究

李姗姗 著

中国商业出版社

图书在版编目(CIP)数据

高等教育与青年德育的协同发展研究 / 李姗姗著. 北京 : 中国商业出版社, 2024. 7. -- ISBN 978-7-5208-3000-3

Ⅰ. G64;G775;G41

中国国家版本馆 CIP 数据核字第 2024V5Z886 号

责任编辑:管明林

中国商业出版社出版发行

(www.zgsycb.com　100053　北京广安门内报国寺 1 号)

总编室:010－63180647　编辑室:010－83114579

发行部:010－83120835/8286

新华书店经销

天津和萱印刷有限公司印刷

*

787 毫米×1092 毫米　16 开　8.5 印张　143 千字

2024 年 7 月第 1 版　2024 年 7 月第 1 次印刷

定价:45.00 元

* * * *

(如有印装质量问题可更换)

前　言

在当今社会，知识更新迅速，技术日新月异，高等教育要以立德树人为根本任务，不仅要传授学生专业知识与技能，更要肩负起塑造学生良好道德品质、培养学生社会责任感和公民意识的重任。青年德育作为高等教育的重要组成部分，其目标是引导青年学生树立正确的世界观、人生观和价值观，培养青年学生良好的道德品质和行为习惯，使其成为德、智、体、美、劳全面发展的社会主义建设者和接班人。然而，当前高等教育与青年德育在发展过程中面临着诸多挑战。因此，探讨高等教育与青年德育的协同发展，不仅具有重要的理论价值，更有着深远的现实意义。

本书从高等教育概述入手，介绍了青年德育的基础知识，探究了高等教育与青年德育协同发展的保障机制，最后深入分析了高等教育与青年德育的协同发展实践。希望通过本书的介绍，能够为读者在高等教育与青年德育的协同发展研究方面提供参考和借鉴。

本书主要汇集了笔者在工作、实践中取得的一些研究成果。在撰写过程中，笔者参阅了相关文献资料，在此，谨向其作者深表感谢。

由于笔者水平有限，加之时间仓促，书中难免存在一些不足和疏漏，敬请广大读者批评指正。

李姗姗

2024 年 5 月

目　录

第一章　高等教育概述

第一节　高等教育的概念

一、高等教育的定义

早期，高等教育被视为精英教育，只有少数人能够接受。随着社会的进步和教育理念的更新，高等教育逐渐走向大众化、普及化。从传统到现代，高等教育定义的演变体现了人们对高等教育内涵认识的深化和外延拓展的过程。

传统的高等教育强调知识的传授和学术研究。在这一阶段，高等教育机构主要是以培养精英人才为目标，注重学生对专业知识的掌握和学术研究能力的培养。课程设置以专业基础课和专业核心课为主，教学方式以讲授为主，学生的主体地位和个性化发展受到一定程度的忽视。这种定义虽然突出了高等教育的学术性和专业性，但难以适应社会发展对人才培养的多元化需求。

随着时代的发展，现代高等教育的概念日益丰富和完善。在知识传授和学术研究的基础上，高等教育更加强调人的全面发展和社会服务功能。一方面，高等教育不仅要传授专业知识，更要注重学生综合素质的培养，包括思辨能力、创新精神、人文情怀等。课程设置日益多样化，通识教育、创新创业教育、素质拓展等成为高等教育的重要内容。另一方面，高等教育要主动服务经济社会发展，培养适应社会需求的应用型人才。产教融合、校企合作等成为高等教育发展的重要路径，大学不再是象牙塔，而是与社会紧密联系、互动发展的有机组成部分。

现代高等教育以学生为中心，教育者不再是高高在上的知识权威，而是学生学习和发展的引导者、促进者。在教学过程中，教师要充分尊重学生的个体差异，针对不同学生的特点和需求进行教学设计和实施，激发学生的学习兴趣和潜力，促进其个性化发展。同时，现代信息技术的发展也为高等教育教学模式的变革提供了新的可能。慕课、翻转课堂等新型教学模式的出现，使得学生能够突破时空限制，根据自身需求自主安排学习进度和内容，真正成为学习的主人。

随着时代的发展和社会的进步，高等教育必将不断吸收新的内涵，拓展新的外延。在知识传授和学术研究的基础上，高等教育要着力培养学生的创新精神和实践能力，提升其应对复杂问题和不确定性的能力。同时，高等教育要积极适应经济社会发展需求，深化产教融合，推动科教协同，为国家和区域发展培养高素质应用型人才。此外，高等教育还要主动融入全球化发展大潮，加强国际交流与合作，提升人才培养的国际化水平。只有立足时代发展，准确把握高等教育发展规律，不断创新人才培养模式，高等教育才能充分发挥其引领社会进步、推动国家发展的重要作用。

二、高等教育的学历层次

（一）初级高等教育

初级高等教育主要包括预科教育和专科教育两个层次。预科教育是为进入高等学校学习而进行的准备性教育，旨在帮助学生完善基础知识，提高学习能力，为今后的专业学习奠定良好基础。专科教育则是在完成中等教育的基础上，进行 2～3 年的专业知识和技能的培养，为社会输送具有一定专业理论知识和实践能力的应用型人才。

预科教育在我国有着悠久的历史，最早可以追溯到清末民初时期创办的预备班。这些预备班主要是为那些因各种原因未能完成中学学业，但又有志于接受高等教育的学生提供学习机会。新中国成立后，预科教育得到了进一步发展和规范。20 世纪 50 年代，国家开始在综合性大学设立预科班，招收农村和少数民族地区的优秀青年，经过 1～2 年的文化课补习和思想政治教育，使其达到高等学校的入学要求。改革开放以来，随着高等教育规模的不断扩大，预科教育逐渐式微。但在一些特定领域，如艺术类院校、体育类院校等，预科教育仍然发挥着重要作用。这些院校通过预科班选拔和培养那些具有专业特长，但文化课成绩不突出的学生，为其提供接受高等教育的机会。

专科教育在我国的发展可以分为三个阶段。第一阶段是新中国成立初期，国家大力发展经济建设急需的中等专业教育，专科层次的高等教育处于萌芽阶段。第二阶段是改革开放后，随着社会主义市场经济体制的建立和发展，专科教育开始快速发展，逐渐成为高等教育的重要类型。第三阶段是 21 世纪以来，随着社会经济结构的调整和产业升级，专科教育进入了转型发展的新阶段。各地积极探索发展现代职业教育，注重培养学生的职业能力和创新创业精神，努力提升专科教育的质量和水平。

在专科教育的课程设置上，各院校普遍实行“宽基础、精专业”的原则。一方面加强通识教育，夯实学生的基础知识和综合素质；另一方面突出专业教育，加强实践教学环节，培养学生的动手能力和解决实际问题的能力。同时，专科教育还注重与行业企业的合作，通过订单培养、现代学徒制等方式，增强教育教学的针对性和实效性，提高学生的就业竞争力。

从学生的特点来看，专科生普遍存在基础知识薄弱、学习动力不足、自我管理能力较差等问题。这就要求教师在教学过程中，要因材施教，根据学生的认知特点和接受能力，采取灵活多样的教学方法，激发学生的学习兴趣。同时，还要加强学生学习方法的指导和管理，引导其养成良好的学习习惯，提高自主学习能力。

初级高等教育虽然在学历层次上低于本科教育，但其在培养多样化人才、服务经济社会发展等方面发挥着不可替代的作用。在新的历史时期，我们要立足国情，遵循教育规律，不断深化初级高等教育教学改革，提高人才培养质量，为建设教育强国、人力资源强国做出应有的贡献。这既是教育工作者的责任所在，也是实现中华民族伟大复兴的必然要求。

（二）高级高等教育

高级高等教育学历层次涵盖本科、研究生和博士生教育，是培养高层次专门人才的关键阶段。这一阶段的教育不仅要传授系统深入的专业知识，更要注重学生创新能力、批判性思维和综合素质的培养，为其未来的职业发展和个人成长奠定坚实基础。

本科教育作为高级高等教育的起点，肩负着为国家经济社会发展输送高素质专门人才的重任。在本科阶段，学生通过系统学习专业基础理论和专业知识，掌握本学科领域的基本研究方法和技能，初步具备从事相关职业的能力。同时，通识教育和综合素质培养也是本科教育的重要内容。通过广泛涉猎人文社科、自然科学等多学科知识，参与社会实践、科研训练等多样化活动，学生能够拓宽视野，增强社会责任感，提升思辨力和创新力，为成长为全面发展的人才打下基础。

研究生教育是培养高层次创新型人才的主阵地。这一阶段强调理论与实践的深度融合，注重发展学生的科研创新能力。硕士研究生通过全面深入地掌握本学科前沿理论和研究方法，在导师指导下开展科学研究，探索前沿科学问题，产出具有一定创新性的科研成果。专业学位硕士则侧重于培养具有扎实理论基础和过硬专业技能的高层次应用型人才。而博士研究生则是通过原创性科学研究，在本学科领域取得创新性成果，为知识体系的丰富和学科的发展做出实质性贡献。无论是学术型还是专业型研究生，都需要具备严谨的治学态度、敏锐的洞察力、开阔的国际视野和宽广的知识面，这对于未来在相关领域发挥引领作用至关重要。

高级高等教育学历层次的另一个重要使命，是培养具有家国情怀、全球视野的领军人才。在日益全球化的时代，博士生和硕士生不仅要立足本国国情，更要放眼全球，关注人类共同面临的重大问题，积极参与国际学术交流，在国际舞台上展示自己的学术成果。同时，作为国家发展的生力军，研究生还肩负着服务国家战略需求的重任。通过对接国家和区域经济社会发展的实际需求，开展应用对策研究，为科学决策提供智力支持，研究生教育能够源源不断地为国家建设输送具有全球竞争力的高端人才。

高级高等教育阶段要注重学生人格塑造和价值观引领。在知识传授和能力培养的同时，更要帮助学生树立正确的世界观、人生观和价值观，提升其家国情怀和社会责任感。通过浸润式、潜移默化的思政教育，引导学生坚定理想信念，砥砺爱国情操，自觉将个人发展与国家命运紧密相连。

三、高等教育的目标

（一）知识技能培养目标

知识和技能是高等教育人才培养的核心要素，对学生的全面发展和未来发展具有重要意义。高等教育阶段，知识的学习和技能的训练不仅关乎学生的学业成就，更影响着其职业生涯的起步和发展。因此，高等教育必须高度重视知识传授和技能培养，将理论与实践有机结合，为学生的可持续发展奠定坚实基础。

从知识层面来看，高等教育要注重学科基础知识的夯实和前沿知识的拓展。扎实的学科基础是学生进一步学习和研究的前提，只有掌握了系统完整的学科知识体系，才能在此基础上不断深化和拓展。同时，高等教育还要引导学生及时了解和学习本学科的最新发展动态，掌握前沿理论和研究方法，以开阔视野、启迪思维。教师要合理设计教学内容，处理好基础知识与前沿知识、理论教学与实践教学的关系，引导学生构建起内在联系的知识网络。

从技能层面来看，高等教育要重视学生创新实践能力的培养。知识学习绝非单纯的记忆和再现，更需要学生将所学知识运用到实际问题的分析和解决中。因此，教师要积极创设条件，为学生提供动手实践、创新创业的机会。通过参与科研项目、学科竞赛、创新创业实践等活动，学生能够将理论知识与实践经验相结合，在运用中强化知识的理解和内化，提升分析问题、解决问题的综合能力。同时，在实践中培养的创新意识、批判性思维、团队协作等关键能力，也是学生未来立足社会的重要资本。

知识与技能的培养还要遵循学生成长发展规律，充分考虑不同学科专业特点、不同学生群体差异等因素。文科、理科、工科等不同学科在知识内容和技能要求上存在差异，教师要根据学科特点合理设计教学内容和教学方法；同时，教师还要关注学生的个体差异，因材施教，为不同学习需求和发展潜质的学生提供针对性的指导和帮助。只有充分尊重教育规律和学生差异，才能提高人才培养的针对性和实效性。

知识与技能是紧密联系、相互促进的。知识学习为技能训练奠定了认知基础，而技能训练又促进了知识的深化和迁移。高等教育要坚持知识学习和技能训练并重，在教学实践中探索二者深度融合的有效路径，最大限度地发挥协同效应。同时，高等教育还要引导学生加强知识与技能的内在整合，主动建构个体的知识—技能体系，逐步形成适应未来发展需求的核心竞争力。

高等教育必须准确把握知识传授和技能训练的内在规律，创新人才培养模式，为国家发展和社会进步提供坚实的智力支撑和人才保障。这既是高等教育的神圣职责，也是实现高等教育内涵式发展的必然要求。

（二）人格与伦理发展目标

高等教育不仅要重视学生的知识技能培养，更要注重其人格品德和价值理念的塑造。全面发展是高等教育的重要目标，旨在培养具有健全人格和高尚品德的社会公民。在培养过程中，教育者需要注重学生非智力因素的发展，引导他们树立正确的世界观、价值观和人生观。

人格品德的培养贯穿于高等教育的全过程。在课堂教学中，教师应借助所授专业知识，向学生阐释道德理念和价值追求。比如，在讲解生物学原理时，可以探讨生命的价值和尊重生命的重要性；在解析历史事件时，可以引导学生思考爱国主义精神的内涵。除课堂教学外，校园文化建设也是培养工作的重要途径。高校可以通过丰富的讲座、主题活动和社团实践，为学生营造浓厚的思想人文氛围，促进良好品德的形成。

高等教育中的价值观培养不应该停留在抽象说教层面，更要联系社会实践。高校可以鼓励学生积极参与社会公益事业，通过亲身体验增强社会责任感。比如组织学生前往敬老院开展志愿服务，体会孝亲敬老的传统美德；或者参加西部支教活动，亲身感受扶贫济困的社会意义。社会实践不仅能增进同理心和责任心，更能磨炼意志品质，锤炼学生的人格操守。

当代高等教育不应过于追求单纯的学习成绩，而要重视学生个体的全面发展。人格、操守、品德的培养同样重要，甚至比知识技能更为重要。知识技能的获得需要一个过程，但完善的人格品德却是终身发展的基石。高等教育肩负着立德树人的光荣使命，为社会培养具有健全人格和高尚品德的公民，这既是时代的要求，更是对教育工作者的殷切期望。

四、高等教育的理念

（一）教育公平理念

高等教育作为国民教育体系的重要组成部分，同样需要坚持教育公平理念，不断拓宽全体社会成员接受高等教育的途径。在高等教育领域践行教育公平，不仅关乎教育自身的健康发展，更关系到社会的公平正义和长治久安。

从起点公平的角度看，高等教育要努力实现入学机会的公平。这就要求在招生政策制定和执行过程中，坚持德、智、体、美、劳全面衡量、综合评价，克服唯分数论，杜绝各种特权和歧视，为不同地区、不同群体的考生提供平等的进入高校深造的机会。同时，高校还应该通过助学贷款、奖学金等多种形式，为家庭经济困难学生提供资助，以经济地位不影响入学机会。从过程公平的维度看，高等教育需要为在校生提供公平的成长环境和发展条件。无论学生的出身、背景如何，高校都应给予平等的学习资源、参与机会和发展空间。既要避免学校内部的同质化，也要杜绝院系之间、专业之间的马太效应，让每个学生都能找到适合自己的成才路径。从结果公平的层面看，高等教育的目标在于让学有所成的毕业生都能实现体面而有尊严的就业和发展。这就要求高校立足社会需求，优化专业结构和培养模式，着力提高毕业生的职业能力和综合素质，缩小不合理的就业差距，让学生在教育投资上获得相对公平的回报。

事实上，我国高等教育在践行教育公平方面已经做出了积极的探索和有益的尝试。通过不断完善区域高考政策，实施国家专项计划等重大举措，来自农村、中西部地区、少数民族的考生上重点高校的比例持续提升，高等教育入学机会的地区、城乡差距逐渐缩小。同时，国家助学贷款、奖学金、勤工助学等资助政策体系日益成熟，贫困学生完成学业的保障更加充分。各高校还通过转专业、双学位、交换交流等灵活多样的培养方式，最大限度地满足学生成长需求，为他们提供广阔的发展空间。此外，高校还通过产教融合等途径，着力提升人才培养质量，增强毕业生的就业竞争力，努力实现高等教育结果的公平。

当然，我们也必须清醒地认识到，高等教育领域的公平问题仍然存在，一些深层次的矛盾和障碍还没有根本破解。社会转型加剧、高等教育分层、生源多样性增强等一系列新情况新变化，对高等教育公平提出了更高要求和更大挑战。保障和落实教育公平，是一个长期而艰巨的任务，需要全社会的共同努力。高等教育要进一步深化改革，在招生选拔、培养模式、就业指导等环节精准发力，不断提升服务全民终身学习的能力，为每一位学生都提供人尽其才、人皆可成的优质教育。同时，高等教育还要主动融入经济社会发展大局，加强政策供给和制度建设，为教育公平营造更加有利的外部环境。

只有不断践行教育公平理念，高等教育才能更好地肩负起为国育才、为党育人的光荣使命，为实现中华民族伟大复兴的中国梦提供坚实的人才支撑和智力保障。教育公平不仅事关亿万学子的前途命运，也影响着国家发展、民族未来，我们必须以更大的政治担当、历史自觉和使命意识，努力让每一个有志青年都能通过接受良好教育而改变自己的命运，让高等教育成为年青一代追逐梦想、实现人生出彩的广阔舞台。

（二）终身学习理念

终身学习理念体现了教育与时俱进、适应社会发展需求的内在要求。在当今知识更新速度不断加快、社会分工日益精细的时代背景下，个人只有树立终身学习的意识，不断更新知识结构、提升专业技能，才能保持自身的竞争力，实现可持续发展。高等教育作为培养高层次专门人才的重要阶段，更应该重视终身学习理念的培养，引导学生掌握终身学习的方法，养成终身学习的习惯，为其未来的个人发展和社会适应奠定基础。

高等教育要培养学生的终身学习意识，首先需要更新教育理念，突出以学生发展为本的教学导向。传统的高等教育偏重知识的传授，忽视了学生学习能力的培养。学生在被动接受知识的同时，缺乏主动探究的意识，难以养成自主学习的习惯。因此，高校教师应转变教学理念，充分尊重学生的主体地位，激发学生的学习兴趣，引导学生掌握科学的学习方法，提高自主学习能力。通过这种方式，学生才能真正成为学习的主人，树立起终身学习的意识。

其次，高等教育还应注重学习内容的拓展，加强通识教育，为学生的终身学习奠定知识基础。随着社会分工的细化，各行业对人才的专业化要求越来越高。然而，狭隘的专业教育容易局限学生的知识视野，削弱其应对新问题、新挑战的能力。相比之下，通识教育强调不同学科知识的融通，注重培养学生的批判性思维和创新能力，这不仅有利于拓宽学生的知识面，更能为其终身学习奠定坚实的认知基础。因此，高校应加强通识教育，开设涵盖人文、社会、自然等不同领域的课程，鼓励学生跨学科选修，促进知识的交叉融合，提升学生的综合素质。

近年来，慕课、微课等在线教育形式蓬勃发展，为个人提供了灵活、便捷的学习渠道。高校应积极利用信息技术手段，创新教学模式，引导学生掌握利用网络资源自主学习的方法。同时，高校还应加强与社会各界的合作，搭建终身学习的平台，为学生的可持续发展提供支持。例如，高校可以与企业合作，为学生提供实习实践机会，帮助其了解行业前沿动态，掌握最新的实践技能。

第二节　高等教育的特点

一、针对性与实效性

在新时代背景下，高等教育肩负着为国家经济建设、科技进步和社会发展提供智力支持的重任，这就要求我们必须把专业教育的针对性和实效性放在突出位置，着力培养适应社会需求、满足岗位要求的高素质应用型人才。

高等教育的针对性主要体现在两个方面：一是专业设置要紧密对接产业发展需求；二是人才培养要精准瞄准行业发展趋势。当前，我国正处于经济转型升级的关键时期，新兴产业不断涌现，传统产业加速转型，对各类专业人才的需求日益多元化、专业化。高校必须主动适应这一趋势，及时优化专业结构，动态调整专业方向，力求实现专业设置与产业需求的无缝对接。同时，专业教育还要立足行业发展前沿，前瞻性地把握技术变革和产业升级的大势，提前布局未来急需紧缺的新兴专业领域，培养具有创新意识和开拓精神的高层次人才。唯有如此，专业教育才能在服务经济社会发展中彰显价值，在推动产业转型升级中发挥引领作用。

高等教育的实效性则要求我们必须把人才培养与实际应用紧密结合，努力提高人才的职业适应性和岗位胜任力。长期以来，我国高校专业教育存在着重理论轻实践、重知识轻能力的问题，导致毕业生难以适应职场要求，“高分低能”现象屡见不鲜。针对这一问题，高校必须加快转变教育理念和培养模式，强化实践教学环节，拓宽校企合作渠道，着力提升学生的实践动手能力和职业岗位技能。一方面，要深化课程体系和教学内容改革，加大实验、实训、实习等实践性教学比重，突出应用能力培养；另一方面，要主动对接行业企业，广泛开展订单式培养、现代学徒制等校企合作模式，让学生尽早接触生产实践，掌握专业实操技能。通过产教融合、科教结合，不断缩短人才培养与企业需求之间的距离，实现学校培养与企业用人的有效衔接。

二、学科交叉性

随着科学技术的不断进步和社会问题的日益复杂化，传统的学科分类已经难以满足人才培养和科学研究的需要。打破学科壁垒，实现不同学科之间的交叉融合，已经成为提升高等教育质量、培养创新型人才的必由之路。

学科交叉融合有利于拓宽学生的知识视野，培养其多学科思维能力。在学科交叉融合的背景下，学生不仅要掌握本专业的核心知识和技能，还要了解其他学科的基本理论和研究方法。这种多学科的学习经历能够帮助学生突破单一学科的局限，从不同角度审视问题，形成全局性、系统性的思维方式。同时，学科交叉融合也为学生提供了更多的学习选择和个性化发展的机会，有利于培养其自主学习能力和适应能力。

学科交叉融合有利于推动科学研究的创新发展。许多重大科学问题和现实挑战都具有综合性和复杂性的特点，单一学科的理论和方法往往难以完全解决。学科交叉融合为科学研究提供了新的视角和路径，通过不同学科的知识整合和方法融通，可以产生新的理论突破和技术创新。一些新兴交叉学科，如生物信息学、纳米科学、认知神经科学等，正是在学科交叉融合的土壤中孕育而生，并呈现出蓬勃发展的态势。

学科交叉融合对于推动高等教育教学改革具有重要意义。传统的学科教学往往以知识传授为主，忽视了能力培养和素质提升。学科交叉融合要求教师突破学科界限，重构教学内容体系，创新教学模式和方法。例如，通过设置跨学科课程、组建跨学科教学团队、开展跨学科项目学习等，可以促进不同学科教师之间的合作与交流，提高教学的针对性和实效性。这种教学改革不仅有利于提升学生的综合素质和创新能力，也为教师的专业发展提供了新的机遇和挑战。

三、自主性与灵活性

（一）自主性

高等教育的自主性体现在独立的教学体系和学术自主权两个方面。高校作为高等教育的主体，拥有相对独立和完整的教学体系，包括培养目标、课程设置、教学内容、教学方法等。这一独立性使高校能够根据自身的办学定位和学科特点，制订符合实际的人才培养方案，开展具有针对性和特色的教学活动。同时，高校还享有较大的学术自主权，教师可以根据自己的研究兴趣和专长，自由地选择研究方向，开展学术探索。这种学术自由不仅有利于推动科学技术的进步，更能够为人才培养提供持续不竭的动力。

高校的自主性是保证高等教育质量和特色的重要基础。在自主办学的过程中，高校可以根据社会需求和自身优势，不断优化学科专业结构，创新人才培养模式。通过自主设置课程体系和教学内容，高校能够及时将学科前沿知识和最新研究成果引入教学，使学生能够接触到最前沿的学术思想和研究方法。同时，教师在备课和授课过程中也拥有更大的自主权，可以根据学生的特点和需求，灵活运用各种教学方法和手段，激发学生的学习兴趣，培养其创新意识和实践能力。

当然，高校的自主性并非意味着可以完全脱离国家和社会的监管。事实上，国家和社会对高等教育的发展方向、质量标准等方面都有一定的要求和期望。因此，高校在行使自主权的同时，也要主动对接国家战略需求，服务经济社会发展。通过合理定位、科学规划，高校可以在国家宏观指导下，保持自身办学特色和学术追求，实现自主发展和社会需求的有机统一。

此外，高校还应该加强与政府、企业、科研机构等各个方面的合作交流，争取更多的资源支持和发展机遇。通过与社会各界的良性互动，高校可以更好地了解市场需求，优化专业设置，提升人才培养质量。同时，高校还可以利用自身的学术优势和人才优势，为地方经济社会发展提供智力支持和服务，实现高等教育与经济社会的协调发展。

(二) 灵活性

随着时代的发展和社会的进步，大学生的学习需求日益多样化，单一、刻板的教学模式已经难以满足学生的成长需要。因此，高校必须树立以学生为中心的教育理念，深入研究学生的学习特点和发展规律，不断创新教学方法，优化课程结构，为学生提供更加灵活、个性化的学习体验。

教学策略的灵活性主要体现在教学方法、教学手段、教学组织形式等方面。传统的课堂讲授虽然能够系统地传授知识，但难以调动学生的学习积极性，容易造成“满堂灌”的弊端。为了突破这一局限，教师应积极探索启发式、探究式、讨论式等多元化教学方法，注重培养学生的独立思考能力和创新精神。同时，教师还应充分利用信息技术手段，采用线上线下相结合的混合式教学模式，为学生提供更加丰富、立体的学习资源。在教学组织形式上，教师可以采取小组合作学习、项目驱动学习等方式，鼓励学生通过团队协作、实践探究来内化知识、提升能力。

课程设置的灵活性主要体现在课程结构、课程内容、学分管理等方面。传统的课程设置往往以学科为中心，注重知识的系统性和完整性，但容易忽视不同学生的个性化需求。为了克服这一不足，高校应积极推进课程体系改革，增设跨学科、交叉性课程，为学生提供更加广阔的知识视野。在课程内容上，高校应紧密对接社会需求，动态调整课程设置，增加应用型、实践型课程比重，提高人才培养的针对性和实效性。在学分管理上，高校可以探索弹性学分制，允许学生根据自身兴趣和发展规划，自主选择课程、设计学习路径，真正实现因材施教、个性化培养。

灵活的教学策略与课程设置对于提升人才培养质量、服务经济社会发展具有重要意义。一方面，它有利于激发学生的学习兴趣，调动其主动性和创造性，促进其全面发展。通过多样化的教学方法和个性化的课程设置，学生能够找到适合自己的学习方式，发掘自身的潜能特长，获得更加深入、持久的学习体验。另一方面，灵活的教学策略与课程设置有助于培养适应社会需求的高素质人才。通过动态调整课程内容，加强产教融合，学生能够及时掌握行业前沿知识，提升实践应用能力，更好地满足社会发展的多元化需求。

在新时代背景下，高校必须立足学生成长成才需求，紧跟时代发展步伐，不断深化教育教学改革，提高人才培养质量。灵活的教学策略与课程设置正是顺应这一趋势的必然选择。只有不断创新教学模式，优化课程体系，才能真正实现以生为本、因材施教，为学生的终身发展奠定坚实基础，为国家经济社会发展提供源源不断的智力支持。

四、开放性

在新时代的发展进程中，开放性是高等教育蓬勃向上的重要推动力。通过深化国际交流与合作，高校不仅能吸纳世界各地的优秀资源，拓宽教育的视野，还能促进不同文化的互相理解和包容，培养学生广阔的国际视野。

长期以来，我国高等教育一直强调开放性，积极参与全球高等教育的发展浪潮。无论是引进国外先进的教育理念和教学模式，还是鼓励师生参与国际学术交流，都体现了高等教育开放包容的特性。一批又一批优秀的外国学生和学者也如春回大地般走进我国高校，让校园充满了多元文化的活力。这种不同文化和学术传统的交融互鉴，不仅丰富了我国高校的办学理念，也培养了师生的跨文化交流能力，让他们收获宝贵的多元智慧。

进入 21 世纪以来，高等教育的国际化步伐明显加快。中外大学的友好往来与合作更加密切，合作的层次和领域不断拓展延伸。除了传统的学生互换和学者访学交流，还涌现出诸如联合办学、科研合作、智库建设等新型合作形式。以知名高校为例，它们积极引进国外优秀师资，注重培养学生的跨文化交际能力，开设涉外专业，为国际化发展储备后备人才。与时俱进地推进高等教育的国际化，不仅有利于高校扩大影响力，提高在全球舞台的话语权，更为我国培养出具有国际视野、通晓世界前沿知识的高端人才夯实坚实基础。

高等教育开放包容的特性，正与我国对外开放的发展理念高度契合，有利于弘扬中华优秀文化，实现中外文化交流互鉴，促进世界持久和平。唯有坚持扩大对外开放、勇于吸纳世界各地的认知智慧，我国高等教育事业才能在新的征程中焕发出勃勃生机，为国家现代化建设和文明发展持续贡献力量。

五、大众化

随着高等教育普及化进程的不断推进，我国正逐步由精英教育向大众教育转变。这种转变不仅体现在入学人数的增长，更重要的是高等教育理念与模式的根本变革。高等教育向大众化发展，意味着更多群体将获得平等的受教育机会，从而有助于充分发挥教育在提升国民整体素质中的重要作用。

高等教育普及化的意义主要体现在以下几个方面。

第一，有利于人才资源的合理配置。只有高等教育得到普及，社会各阶层的优秀人才才能获得充分发展的机会。这无疑将最大限度地挖掘社会的人力资本，为国家发展提供智力支持。反之，如果高等教育资源仍被少数人垄断，必将造成严重的人才浪费，制约国家现代化进程。

第二，有利于增进社会公平正义。教育公平是社会公平正义的重要基石。只有实现了高等教育的大众化，不同阶层群体才能真正享有平等的受教育权利。这将有力缩小贫富差距，促进社会阶层流动，为维护社会和谐稳定奠定坚实基础。

第三，有利于培养复合型人才。面对当代科技创新日新月异、知识领域交叉融合的发展趋势，社会对复合型人才的需求越来越迫切。高等教育普及化为不同背景的学生创造了广阔的发展空间，有利于他们在系统学习的同时，兼修其他专业知识，培养跨学科视野与综合素质。

第四，有利于传承和创新优秀文化。高等教育不仅传授专业知识，更肩负着传播先进思想、优秀文化的重任。随着大众化程度不断加深，优秀文化将渗透到社会的每一个角落，为构建中华民族共同体注入强大精神动力。同时，高等教育普及化也为文化创新注入了新鲜血液，有助于我国优秀传统文化的与时俱进、不断发展。

六、包容性

高等教育的包容性理念不仅体现在文化多样性的尊重与融合，更关乎教学方法的革新与优化。随着高等教育规模的不断扩大，学生群体呈现出前所未有的异质性特征。他们来自不同的地域、民族、文化背景，具有不同的学习基础、认知风格、兴趣爱好和发展诉求。面对如此多元化的学生群体，传统的“一刀切”教学模式已然不能适应新形势下人才培养的需要。因此，教师必须树立包容理念，努力探索尊重学生个体差异的教学方法，促进每一位学生的全面发展。

在教学实践中，教师要深入了解学生的学情，全面分析学生在认知水平、学习风格、价值取向等方面的差异，进而有针对性地设计教学内容和教学活动。对于基础薄弱的学生，教师可以通过补充讲解、个别辅导等方式给予更多帮助和支持；对于学有余力的学生，教师则可以布置一些拓展性强、难度较高的任务，激发其学习潜能；对于学习兴趣不高的学生，教师可以采用游戏、竞赛、情景模拟等生动活泼的教学形式，调动其参与热情。关键是要因材施教，让不同特点和需求的学生都能在教学活动中得到充分的发展。

在课堂教学过程中，教师应积极营造民主、平等、包容的师生关系和同学关系。教师要尊重每一位学生的个性，包容学生在学习过程中出现的缺点和错误，耐心地给予指导和鼓励。同时，教师还要引导学生相互尊重、相互欣赏，通过小组合作学习等方式促进学生之间的交流与互动，使不同特点的学生取长补短、共同进步。在包容的课堂氛围中，学生能够充分感受到心理上的安全和归属感，从而更加愿意表达真实的想法，积极投入学习活动中。

高校应加强校园文化环境建设，为不同文化背景的学生搭建多元交流的平台。定期举办各类文化节、国际交流活动，邀请不同国家和地区的学者、艺术家来校讲学，开设外国语言课程和跨文化交际课程，这些都有助于促进中外学生、不同民族学生之间的相互了解和文化交融。在多元文化碰撞、交流的过程中，学生的文化视野得以开阔，人文素养得以提升。同时，学生还能学会以更加开放、包容的心态对待文化差异，增强跨文化交际能力，为将来成为具有全球视野的人才奠定基础。

七、现代化

（一）现代科技在高等教育中的应用

现代科技的迅猛发展正在深刻改变着高等教育的面貌，推动着教学方式的不断革新。在信息技术日新月异的时代，传统的教学模式已经难以满足新时代人才培养的需求。高校教师必须紧跟时代步伐，积极探索现代科技在教学中的应用，以创新的教学理念和方法提升人才培养质量。

多媒体技术的广泛应用为教学方式的变革提供了强大的技术支持。借助多媒体课件，教师可以将抽象的概念、复杂的过程以直观、生动的形式呈现出来，帮助学生理解和掌握知识要点。例如，在讲授生物学中的细胞结构时，教师可以利用三维动画展示细胞的内部构造和各种细胞器的功能，使学生对微观世界有更加直观、深入的认识。再如，在讲解物理学中的电磁感应定律时，教师可以通过仿真实验演示电磁感应现象的产生过程，加深学生对这一定律的理解。多媒体技术不仅能够激发学生的学习兴趣，调动其主动性和积极性，更能够促进知识的内化和迁移，提高教学效果。

网络技术的发展则为教学资源的共享和教学活动的拓展提供了广阔的空间。随着慕课、微课等在线教育平台的兴起，高质量的教育资源得以突破时空限制，惠及更多的学习者。教师可以利用网络平台为学生提供丰富多样的学习资料，如微视频、电子书、在线测试等，满足学生个性化、差异化的学习需求。同时，网络技术还为师生互动、生生互动提供了便利的渠道。教师可以通过在线讨论、视频会议等方式与学生进行实时交流，及时解答学生疑惑，引导学生深入思考。学生也可以利用网络平台开展协作学习，通过头脑风暴、角色扮演等方式共同探讨问题，培养团队协作能力。网络技术的应用不仅拓宽了教学时空，丰富了教学资源，更促进了教学模式的变革，实现了从“以教为中心”向“以学为中心”的转变。

大数据、人工智能等前沿科技的发展为教学决策的优化和个性化学习的实现提供了新的可能。教师可以利用学习分析技术收集、分析学生的学习行为数据，全面掌握学生的学习状况，为教学决策提供数据支撑。例如，通过分析学生在线学习平台的访问记录、测试成绩等数据，教师可以及时发现学生的薄弱环节，有针对性地开展教学，提高教学的精准度。此外，人工智能技术的应用还可以为学生提供个性化的学习支持。智能教学系统可以根据学生的学习特点和需求，自动推送适合的学习资源，给予个性化的学习指导，实现因材施教。前沿科技与教育教学的深度融合，正在推动教育范式的变革，为培养创新型人才提供有力支撑。

然而，在大力推进现代科技应用的同时，我们也要清醒地认识到，技术始终只是教学的辅助手段，而非教学的主体。过度依赖技术，忽视师生互动和情感交流，容易导致教学“失魂”。因此，在运用现代科技进行教学时，教师要坚持以学生为中心，注重师生、生生之间的情感互动，通过启发式、探究式等教学方法，引导学生主动思考、积极实践，真正成为学习的主人。唯有如此，现代科技才能真正成为提升教学质量、培养创新人才的有力工具。

现代科技在高等教育教学中的应用，为教学方式的变革提供了强大动力，为学生个性化发展提供了广阔空间。在新时代背景下，高校教师应积极顺应这一趋势，主动学习和运用现代科技，不断更新教育教学理念，创新教学模式和方法，真正实现从“教”到“学”的转变。同时，在运用现代科技进行教学的过程中，教师要始终坚持以学生为中心，注重师生互动和情感交流，引导学生成为学习的主人。只有传统教学与现代科技的深度融合，高等教育才能不断焕发生机与活力，培养出适应新时代要求的高素质创新人才。

（二）现代教育观念与教育制度更新

现代教育观念与教育制度更新是提升教育效率与效果的关键所在。随着社会的不断进步和科技的日新月异，传统的教育观念和教学模式已难以适应时代发展的需求。因此，积极吸收先进的教育理念，大胆进行教学改革和制度创新，已成为教育界的普遍共识和迫切任务。

要实现教育效率与效果的双提升，首要任务是更新教育观念。长期以来，我国教育界普遍存在重知识传授、轻能力培养，重结果评价、轻过程考查的倾向。这种应试化、功利化的教育理念难以激发学生的学习兴趣，更无法培养其自主学习和创新实践的能力。因此，教育工作者必须树立以人为本、全面发展的教育观，将促进学生身心健康、提升综合素质作为教育的根本目标。在教学中，教师应着眼于学生的个性特点和发展需求，因材施教，启发诱导，充分调动其学习的主动性和积极性。

教学方式的革新是提高教育效率与效果的必由之路。在信息技术飞速发展的今天，传统的“满堂灌”式教学已不合时宜。教师应积极运用现代教育技术，探索翻转课堂、混合式教学等新型教学模式。通过精心设计教学内容，合理运用多媒体手段，教师可以为学生创设生动、形象、互动性强的学习情境，激发其探究欲望，提高学习效率。同时，教师还应重视学生在教学活动中的主体地位，鼓励其通过小组合作、自主探究等方式参与知识建构，在“学中做、做中学”的过程中提升综合运用知识的能力。

教育评价制度的完善是保障教育效率与效果的重要举措。科学、多元的评价体系是引导教学行为、检验教学效果的“指挥棒”。为破除唯分数论的弊端，学校应积极构建德、智、体、美、劳全面发展的素质评价体系，将学业成绩、综合素质、创新能力等纳入考核范畴。在评价过程中，教师应秉持发展性评价的理念，既关注学生的学习结果，也重视其学习过程和进步情况，以激励性的评语鼓舞学生，帮助其克服困难、提升自信。此外，学校还应完善教师绩效考核制度，将教学质量、育人成效作为评价的核心指标，激励教师潜心教书育人、不断提升专业素养。

制度环境的优化是推动教育变革的强大动力。学校应着力营造民主、开放、包容的制度文化，为教育改革创新提供肥沃的土壤。在制度设计上，学校应坚持问题导向，针对教育教学中的突出矛盾，及时制定和完善相关政策，疏通体制机制障碍。在制度执行上，学校应严格规范管理，加强过程监督，保障政令畅通、令行禁止。学校还应注重人文关怀，通过“松绑减负”为教师赋能增权，让其安心从教、静心治学，焕发教书育人的热情。

（三）高等教育治理现代化

在新时代背景下，高等教育治理体系现代化已然成为大学发展的当务之急。高校作为知识创新和人才培养的重镇，其治理水平直接关系到教育事业的质量和效率。推进高等教育治理现代化，意味着要优化管理体系、完善决策机制，切实增强高校的办学活力。

管理体系现代化的核心是扁平化。传统的高校管理层级过多、程序烦琐，决策效率较低，难以适应当前社会快速变革的需求。因此，高校需要打破狭隘的部门垄断，实现管理职能的整合，构建扁平化的管理架构。在此基础上，要赋予中层干部更大的自主权，激发其主动性，提高工作效率。高校还应当健全民主协商机制，让广大师生参与到学校发展的决策中来，充分发挥集体的智慧。

此外，决策流程的现代化也是治理体系优化的关键一环。针对传统决策流程中存在的僵化、缓慢等问题，高校必须构建科学的程序体系。一方面，要明确决策事项的流转路线，严格按照规程办事，避免决策过程被人为干扰。另一方面，还需要建立及时、高效的决策执行反馈机制，确保各项决策能够顺利实施并产生预期效果。充分运用现代信息技术手段进行数字化管理，对决策过程中的各种信息进行系统收集、分析和利用，为科学决策提供数据支撑。

科学的高等教育治理体系，不仅需要完备的制度设计，更需要全校上下的思想统一。高校领导和管理人员必须树立现代管理理念，破除陈规陋习，与时俱进地调整工作方式。所有师生员工也都应当自觉遵守规章制度，积极融入现代治理体系，为推动学校高质量发展贡献自己的力量。只有管理者和被管理者高度统一了现代治理理念，高校才能焕发出新的生机和活力，在社会发展的浪潮中勇立潮头，为国家富强、民族振兴贡献源源不断的动能。

推进高等教育治理现代化，优化管理体系、完善决策流程，是提升我国高等教育事业质量的关键抓手。面向未来，只有不断深化改革，持续推进治理体系和治理能力的现代化，高校才能在激烈的竞争中立于不败之地，为国家发展提供有力的智力支撑和人才保障。

第三节 高等教育的职能

一、人才培养职能

（一）知识传授与技能训练

高等学校通过系统的课程设置和科学的教学组织，向学生传授专业理论知识，培养其实践技能，使其具备从事相关职业所需的基本素质和专业能力。在知识传授层面，高校需要根据人才培养目标和学科专业特点，精心设计教学内容，合理安排教学进度，确保学生能够系统掌握本专业的基础理论、专业知识和前沿动态。教师应当深入钻研教材，不断更新知识体系，以饱满的教学热情和渊博的学术造诣，激发学生的学习兴趣，引导学生主动探索知识的奥秘。同时，高校还应当充分利用信息技术手段，创新教学模式和教学方法，为学生提供丰富多样的学习资源，营造良好的学习氛围，促进学生自主学习、合作学习和探究学习。

在技能训练层面，高校要高度重视实践教学环节，加强实验、实训、实习等实践性教学，提高学生运用所学知识分析问题、解决问题的能力。一方面，要根据专业人才培养要求，科学规划实践教学内容，优化实践教学体系，确保实践教学与理论教学紧密结合、相互促进；另一方面，要加大实践教学投入，完善实验实训条件，构建产学研用协同育人机制，为学生提供更多参与科研项目、创新创业实践的机会。通过设置专业实习、毕业实习等环节，让学生深入生产一线，将所学知识与实际应用相结合，锻炼动手能力，积累实践经验，提升职业素养。

知识传授与技能训练相辅相成、互为补充，共同构成了高等教育人才培养的完整体系。高校只有坚持“学中做”和“做中学”的原则，统筹兼顾理论教学与实践教学，才能帮助学生树立正确的世界观、人生观和价值观，塑造健全人格，养成良好习惯，促进德、智、体、美、劳全面发展。因此，在新时代背景下，高校必须充分认识知识传授与技能训练的重要性，聚焦内涵建设，深化教育教学改革，不断提高人才培养质量，为学生成长成才、实现人生价值奠定坚实基础。只有不断完善知识传授与技能训练机制，提升教师教书育人本领，激发学生学习潜能，才能切实增强高等教育服务经济社会发展的能力，为加快建设教育强国、人才强国做出新的更大贡献。

（二）创新能力培育

在知识经济时代，创新已成为推动社会进步和国家发展的关键动力。高校作为人才培养的主阵地，肩负着激发学生创新意识、提升创新能力的重任。这不仅关乎学生个人的全面发展，更关乎国家创新驱动发展战略的实施。

要培养学生的创新能力，首先需要转变教育理念，树立创新教育的意识。传统的应试教育模式注重知识的传授和考试的选拔，忽视了学生创新思维和实践能力的培养。而创新教育强调以学生为中心，鼓励学生质疑、探索、实践，激发其主动学习的内在动力。这就要求教师摒弃满堂灌的教学方式，积极采用启发式、探究式、参与式等教学方法，引导学生自主思考，勇于创新。同时，学校应营造鼓励创新、宽容失败的校园文化氛围，为学生创新实践提供制度保障和物质支持。

其次，创新能力培育需要与专业教育深度融合。不同学科专业有着不同的创新资源和培养路径，教师应根据专业特点，优化课程体系和教学内容，将创新教育渗透到专业知识的传授过程中。例如，理工类专业可以通过科技竞赛、发明创造等实践活动，提高学生运用专业知识解决实际问题的能力；人文社科类专业可以通过学术讲座、社会调研等方式，拓宽学生学术视野，增强创新意识。这种与专业教育相结合的创新能力培养模式，不仅能提高学生学习的针对性和实效性，更能推动不同学科专业的交叉融合，催生更多原创性成果。

高校要主动对接地方产业需求，加强与企业的合作交流，为学生提供实习实训、项目研发等实践机会。通过参与真实的工程项目和企业运营，学生能够将书本知识与实践经验相结合，在解决实际问题的过程中提升创新能力。企业也可以利用自身的技术优势和产业资源，与高校共建创新实验室、产业学院等创新平台，引进企业导师参与人才培养全过程。这种"产学研用"一体化的创新人才培养模式，既能促进高校教育教学改革，又能为企业发展储备创新型人才。

创新能力培育需要国际化视野和跨文化交流。在全球化时代，创新往往源于不同文化、不同学科的碰撞融合。高校应积极开展国际交流与合作，鼓励学生参与海外学习、国际竞赛等活动，接触不同文化背景下的思维方式和行为模式。通过与不同国家、不同专业的学生交流互鉴，学生能够开阔眼界、激发灵感，形成多元文化包容和跨学科创新的意识和能力。同时，高校还应引进国外优质教育资源，学习借鉴国际先进的创新人才培养理念和方法，不断提升创新教育的国际化水平。

（三）价值观教育

价值观教育旨在引导学生树立正确的世界观、人生观和价值观，是高等教育人才培养的重中之重。它贯穿于知识传授与能力训练的全过程，直接关系到学生能否成为有理想、敢担当、能吃苦、肯奋斗的新时代好青年。

高等教育阶段是学生价值观形成的关键时期。在这个特殊阶段，学生思想独立性增强，批判能力不断提高，对传统观念会产生质疑，对社会现象会怀有疑虑。如何正确引导学生建立科学的世界观、人生观和价值观，是教育工作者必须高度重视和深入思考的问题。值得庆幸的是，高校拥有丰富的教育资源，能为价值观教育提供有利条件。教师凭借专业知识和教学经验，应当将价值观教育贯穿于专业课程教学之中，通过生动的案例分析、热点问题探讨、实践活动体验等多种形式，启发学生正确认识世界、把握人生、明确价值取向。高校还可以借助思想政治理论课、校园文化活动等多种渠道，有机融合价值观教育元素，为学生树立正确的世界观、人生观和价值观提供持续性的精神滋养。

践行价值观教育，关键在于教育者自身。高校教师应该以高尚的人格力量和学识修养，用实际行动展现对马克思主义理论的坚定信仰、对社会主义核心价值观的执着追求、对中华优秀文化传统的坚持弘扬。只有教书育人相统一、言行相一致，才能赢得学生的信任与尊重，发挥引路人的示范作用，真正将正确价值观渗透到学生的思想观念和行为习惯中。同时，还要善于利用身边的鲜活事例进行价值观引导，激发学生内心的情感共鸣，以求更好地内化价值观教育成果。

二、学术合作与交流职能

（一）国内外学术交流

在全球化背景下，高校之间的学术交流日益频繁，形式也愈加多样化。通过学术会议、合作研究、师生互访等方式，高校能够借鉴彼此的办学经验，分享最新的研究成果，促进知识的传播和创新。这不仅有利于提升高校自身的学术水平和人才培养质量，也为解决人类共同面临的重大问题贡献了智慧和力量。

从知识共享的角度来看，国内外学术交流为高校搭建了一个开放、平等、互利的合作平台。在这个平台上，不同国家、不同领域的学者可以跨越地域和学科的界限，就共同关心的科学问题展开深入对话。他们通过分享各自的研究方法、实验数据、理论见解等，实现了知识的交融与碰撞，激发了新的研究灵感和思路。这种知识的流动和共享，不仅拓宽了每个参与者的学术视野，也推动了整个学术共同体的进步。哈佛大学与清华大学在人工智能领域的合作研究就是一个很好的例证。双方学者通过定期的学术研讨和人员互访，在机器学习算法、自然语言处理等方面取得了一系列原创性成果，引领了该领域的理论和技术创新。

从学术合作的角度来看，国内外学术交流为高校间的科研协同提供了广阔空间。当代科学研究呈现出问题导向、多学科交叉的特点，很多重大科学问题已经不是一个学科或一所高校能够独立解决的。国内外学术交流恰恰为跨学科、跨机构的团队合作提供了机制保障。通过联合攻关、协同创新，高校可以集中优势资源，优化配置科研力量，推动关键领域取得突破性进展。埃及古代文明是全人类的珍贵遗产，其保护与研究需要考古学、历史学、地理学等多学科的通力合作。埃及开罗大学与日本东北大学在古埃及法老时期皇家陵墓的联合考察，就是多学科协同攻关的典范。来自两校的考古学家、历史学家、地理学家组成联合考察队，运用先进的科学方法对陵墓进行全面勘察和数字化记录，揭示了诸多鲜为人知的历史细节，为探寻古埃及文明之谜贡献出宝贵的一手资料。

从人才培养的角度来看，国内外学术交流为学生提供了拓宽国际视野、提升跨文化交往能力的宝贵机会。通过参与国际学术会议、短期访学、联合培养等项目，学生能够聆听国际知名学者的学术报告，与不同国家的青年才俊切磋交流，亲身体验异域文化的魅力。这些经历不仅能够帮助学生开阔眼界、启发思维，也能够培养其全球意识和国际交往能力，为其未来成长为具有全球竞争力的拔尖创新人才奠定坚实基础。耶鲁大学与北京大学合作举办的“全球青年学者项目”，每年甄选两校品学兼优的本科生赴对方学校访学一个学期。通过跨文化的学习体验和思想碰撞，参与学生增强了文化包容性和国际视野，很多人都表示这段经历让他们受益终身。

国内外学术交流作为高校学术生态系统中的重要组成部分，在知识共享、科研合作、人才培养等方面发挥着不可替代的作用。它推动了高等教育从封闭、割裂走向开放、融通，成为高校创新发展的不竭动力。展望未来，随着全球性挑战的加剧和新兴技术的崛起，高校间的学术交流与合作将愈加紧密和深入。这不仅是高校自身发展的内在要求，也是构建人类命运共同体的必然选择。在新时代背景下，中国高校应当以更加开放的姿态促进国内外学术交流，在国际学术舞台上发出更多中国声音、贡献更多中国智慧，为推动全球高等教育事业的繁荣发展做出更大贡献。

（二）学术成果展示

学术成果展示是高等教育职能中不可或缺的重要组成部分，对于提升高校的学术影响力和社会声誉具有重要意义。通过搭建多元化的学术成果展示平台，高校为教师和学生提供了展示科研成果、交流学术思想的重要渠道。这不仅有利于激发师生的科研热情，推动学术创新，更有助于高校树立良好的学术形象，扩大社会影响。

从教学层面来看，学术成果展示平台为教师提供了展示教学研究成果的重要舞台。通过在学术会议、教学论坛等场合介绍教学改革经验、分享教学案例，教师能够与同行交流教学理念，探讨教学方法，推动教学创新。同时，优秀教学成果的展示也能够引导和鼓励更多教师投身教学研究，不断提升教学水平。对于学生而言，参与学术成果展示能够开阔学术视野，了解学科前沿动态，培养科研兴趣。在准备展示材料、参加学术交流的过程中，学生的科研能力、表达能力、沟通能力等也能得到锻炼和提升。

从科研层面来看，学术成果展示平台是高校展示科研实力、彰显学术水平的重要窗口。通过组织高水平的学术会议，邀请国内外知名专家作主题报告，高校能够展示其在相关领域的研究优势和最新进展，提升学术声誉。同时，高校还可以利用网络平台建设学术成果数据库，集中展示师生在重要期刊上发表的论文、获得的科研奖项、主持的科研项目等，便于社会各界了解高校的科研动向，增进学术交流与合作。科研成果的转化应用也是学术成果展示的重要内容。通过举办成果发布会、产学研对接会等活动，高校能够推动科研成果走向市场，服务经济社会发展。

此外，学术成果展示平台的建设还有利于营造浓郁的学术氛围，激发师生的创新意识。通过定期组织学术沙龙、青年学者论坛等活动，鼓励师生交流学术观点，碰撞思想火花。在自由、开放、包容的学术环境中，师生能够更好地释放创新潜能，产出高质量的学术成果。同时，学术成果展示平台也是高校开展学术道德教育的重要阵地。通过树立优秀学术成果的典范，宣传严谨治学的学术精神，高校能够引导师生恪守学术道德，坚持学术诚信，维护良好的学术生态。

高校要充分认识学术成果展示在人才培养、科学研究、社会服务等方面的重要价值，加强制度建设，完善评价机制，为师生搭建多样化、立体化的学术成果展示平台。只有不断创新学术成果展示的内容与形式，提升学术成果展示的质量与水平，才能更好地发挥高等教育的育人功能，为国家创新驱动发展战略的实施提供坚实的人才支撑和智力保障。

（三）学生国际交流项目

学生国际交流项目是高等教育国际化进程中的重要组成部分，对于培养具有全球视野和跨文化交流能力的高素质人才具有重要意义。通过参与国际交流项目，学生能够深入了解不同国家的社会制度、文化传统、价值观念，开阔眼界，增长见识。同时，在与来自不同文化背景的师生交流互动中，学生的语言表达能力、人际沟通能力也能得到锻炼和提升。这些宝贵的跨文化体验将成为学生终身发展的精神财富。

从知识层面来看，学生国际交流项目有助于拓宽学生的专业视野，加深对所学知识的理解。通过赴国外高校学习，学生能够接触到不同国家在相关学科领域的最新研究动态和前沿成果，了解国外教学方法和科研模式，从而完善自己的知识结构，提升学术素养。同时，国外大学丰富的课程资源和实践机会，也为学生提供了应用所学知识、提升创新能力的平台。

从能力层面来看，学生国际交流项目是培养学生跨文化交际能力、国际化视野和全球胜任力的重要途径。在海外学习生活中，学生需要适应不同的教学方式、生活方式，学会与来自不同文化背景的人相处，这对其适应能力、沟通能力、团队协作能力等的养成大有裨益。此外，独立在异国求学生活的经历，也有助于增强学生的自主性、责任心和抗压能力，为其今后走向社会、参与国际竞争奠定坚实基础。

从情感态度层面来看，学生国际交流项目有利于培养学生包容开放的价值观和世界公民意识。通过亲身体验不同文化，学生能够更加客观地认识文化差异，摒弃偏见和成见，树立平等、友善、尊重的异文化交流观。同时，在与其他国家学生的交往中，学生也能深切感受到不同文化的独特魅力，增强民族文化自信心。这种超越国界的人文情怀，将使学生成长为具备全球视野与使命担当的世界公民。

高校应高度重视学生国际交流项目的教育价值，将其纳入人才培养体系，与学科专业教学、创新创业教育等有机结合，为学生搭建高质量的交流平台。一方面，高校可通过与境外高水平大学开展校际合作，建立长期稳定的学生交换项目，为学生提供多元化、个性化的国际交流机会。另一方面，高校还应加强对参与国际交流学生的指导服务，在语言培训、学分转换、生活适应等方面给予必要帮助，确保其顺利完成海外学习任务。此外，高校还应鼓励学生将国际交流所得回馈母校、服务社会，以讲座、沙龙等形式分享交流心得，传播跨文化理念。

三、科学研究职能

（一）科研课题与创新项目

在高等教育领域，科学研究是推动学科发展、促进社会进步的重要动力。科研课题与创新项目作为科学研究的核心载体，在支撑科学探索和技术创新方面发挥着不可替代的作用。高校作为科学研究的重要阵地，应当高度重视科研课题与创新项目的设计与实施，不断提升科研质量和创新能力，为国家和区域发展提供智力支持。

科研课题和创新项目的设计应当立足学科前沿，紧扣国家和区域发展需求。一方面，高校要密切关注本学科领域的最新进展和研究动态，及时调整研究方向和内容，保持科研工作的前瞻性和引领性。同时，要充分发挥基础研究的先导作用，鼓励科研人员开展原创性、探索性研究，为重大理论突破和关键技术创新奠定基础。另一方面，科研课题和创新项目要与经济社会发展紧密结合，聚焦国家和区域发展中的重大战略需求和现实问题，提出切实可行的解决方案。通过产学研深度融合，促进科技成果转化应用，以科技创新驱动经济发展方式转变和产业结构优化升级。

科研课题和创新项目的实施需要完善的体制机制保障。高校应当建立健全科研管理制度，优化资源配置，为科研人员营造良好的学术环境和工作条件。要完善科研评价体系，突出质量导向，鼓励科研人员潜心研究，追求卓越。同时，要加强科研诚信建设，强化学术道德和学风建设，营造风清气正的学术生态。此外，高校还应加强与其他高校、科研院所、企业等的合作交流，整合创新资源，搭建协同创新平台，推动跨学科、跨领域的科研合作，提升科研综合实力和国际影响力。

通过科研实践，学生能够深入理解所学知识，提高分析问题、解决问题的能力，培养创新精神和实践能力。高校应当把科研创新贯穿人才培养全过程，鼓励学生积极参与科研课题和创新项目，以科研促进教学，以教学深化科研。要改革人才培养模式，完善创新创业教育体系，引导学生树立科学精神，增强创新意识，提高创新能力，为创新型人才的脱颖而出创造条件。

在新时代背景下，高校要发挥学科优势，加强科研课题和创新项目的系统谋划和战略布局。要瞄准世界科技前沿，聚焦国家重大需求，着力提升原始创新能力，产出更多具有重大影响力的科研成果。同时，要不断深化科教融合、产教融合，促进科技、教育、经济的良性互动，为全面建设社会主义现代化国家、实现中华民族伟大复兴的中国梦做出新的更大贡献。

（二）研究成果转化应用

研究成果转化是将科学研究所产生的知识、技术、产品等转移到生产和应用领域的过程，是科技创新活动的重要组成部分。高等教育机构作为知识创新和人才培养的重要阵地，在推动科研成果转化、服务经济社会发展方面肩负着重要使命。

高校拥有雄厚的科研实力和丰富的智力资源，是原始创新和集成创新的主力军。通过深入开展基础研究和应用研究，高校教师和科研人员在前沿科学领域取得了一大批原创性成果，为经济社会发展提供了源源不断的科技供给。但是，高校科研成果往往具有前瞻性和探索性，与市场需求存在一定的距离。如何将这些“象牙塔”中的研究成果有效转化为现实生产力，是摆在高校面前的一道重要课题。

为了推动科研成果转化，高校需要主动对接经济社会发展需求，加强与地方政府、行业企业的合作交流。通过共建科技园区、产业技术研究院等创新平台，高校可以为科研成果的工程化开发提供必要的条件和支撑。同时，高校还应完善科技成果转化的激励机制和政策环境，调动科研人员开展成果转化的积极性。建立健全科研成果评价体系，将成果转化绩效纳入教师职称评聘和绩效考核范围，引导更多科研人员投身成果转化实践。

此外，加强科研成果的宣传推介和信息对接也十分必要。高校可以通过举办高新技术展览会、科技成果推介会等活动，集中展示科研团队的最新成果，吸引社会资本和企业的关注。建立科技成果信息库，为企业和投资机构提供线索，推动供需双方精准对接。部分高校还整合资源建立了大学科技园，通过“孵化器”模式，为初创型科技企业提供全方位服务，帮助其加速成长。

四、社会服务职能

（一）社会咨询与专家服务

随着现代社会的飞速发展和科技进步的日新月异，各行各业面临的问题日趋复杂多样化。要破解这些难题，单靠某一学科或领域的力量往往难以奏效，而需要跨学科、跨领域的协同创新。高等教育会聚了各学科领域的顶尖人才，拥有雄厚的知识储备和智力资源，理应成为社会问题解决的“智囊团”和“思想库”。通过提供社会咨询与专家服务，高校可以将科研成果转化为现实生产力，为经济社会发展提供强大的智力支持和人才保障。

从宏观层面看，高校开展社会咨询与专家服务有利于加强产学研用结合，促进科技成果转化。一方面，社会各界通过咨询，可以第一时间了解高校的前沿研究动态，及时获取所需的新知识、新技术；另一方面，高校通过为社会提供咨询服务，能够准确把握经济社会发展的实际需求，使科研工作更具有针对性和实效性。这种双向互动有助于打通高校与社会之间的壁垒，实现资源共享、优势互补、互利共赢。同时，高校还可以发挥自身的人才优势，为政府决策、企业管理、社会治理等提供高水平的智力支持。这不仅可以提升决策的科学性，防范潜在风险，也能最大限度地发挥专家学者的聪明才智，实现其社会价值。

从微观层面看，高校开展社会咨询与专家服务有利于推动多学科融合，催生创新性成果。在为社会提供咨询服务的过程中，来自不同学科背景的专家学者可以围绕具体问题展开深入对话和头脑风暴，碰撞出新的思想火花。他们可以从多元视角审视问题的本质，提出综合性解决方案。这种跨学科交叉融合往往能够产生“1＋1＞2”的化学反应，催生出一批原创性、颠覆性的科研成果。同时，参与社会咨询和专家服务，也有助于教师拓宽学术视野，丰富实践经验，找到新的研究灵感和切入点，从而推动学科交叉和知识创新。

此外，高校开展社会咨询与专家服务还肩负着提升公众科学素养的重任。在知识爆炸和信息泛滥的时代，公众对科学知识的需求日益增长，但同时也更容易被虚假信息和伪科学言论所蒙蔽。作为知识的源头活水，高校理应担负起科学传播的社会责任。通过社会咨询和专家服务，高校可以及时、准确、权威地普及科学知识，传播科学精神，提高公众的科学辨别力和理性思维能力，为营造良好的社会文化环境贡献智慧和力量。

从育人角度看，鼓励师生参与社会咨询与专家服务，有利于培养其家国情怀和社会责任感。通过走出校园，深入社会，为群众排忧解难，师生可以切身体会国家富强、民族复兴、人民幸福的深刻内涵，增强使命感和责任心。同时，在咨询服务中锻炼口头表达、人际沟通、团队协作等软技能，还可以提升师生的实践能力和就业竞争力。这对于培养德、智、体、美、劳全面发展的社会主义建设者和接班人具有重要意义。

面对新时代经济社会发展的新形势、新任务、新要求，高校必须勇于担当，主动作为，充分发挥知识资源优势，用足用好社会服务这个着力点，在服务国家战略和区域发展中彰显自身价值。这不仅是高等教育履行社会责任、回馈人民的题中之义，更是实现自身可持续发展的必然要求。只有进一步深化产教融合，创新服务模式，完善激励机制，高校的社会咨询与专家服务才能真正落地生根，结出累累硕果，为全面建成社会主义现代化强国贡献更多更好的高等教育力量。

（二）终身教育与职业培训

在当代社会，终身教育与职业培训扮演着举足轻重的角色。它不仅满足了社会成员持续学习和发展的需求，更是助力一个国家实现人才强国战略的关键举措。

终身教育的理念贯穿了人的整个生命历程，旨在培养个体终身学习的意识和能力。在知识爆炸、技术革新的时代，任何人都不可能一次性获取足够的知识储备来应对未来的挑战。因此，我们需要树立终身学习的理念，主动更新知识技能，与时俱进。而职业培训则是终身教育的重要组成部分，为在职人员提供了专业技能的系统培养，满足了职业发展的需求。

高等教育所肩负的重要使命之一，就是为社会输送优秀人才。在校期间，学生接受系统的学科知识和专业技能训练，为就业和职业生涯奠定基础。然而，随着社会的飞速发展，新的知识领域和新兴行业不断涌现，这就要求高等院校与社会界保持紧密联系，为在职人员提供继续教育的机会。许多高校开设了众多非学历继续教育项目，内容涵盖前沿科学、管理实务、人文艺术等多个领域，使在职人士有机会了解新知识、掌握新技能。

除了高等院校，许多企业和政府机构都建立了自身的培训体系。通过新员工入职培训、在岗人员再培训等多种形式，企业可以持续提升员工的专业能力，从而提高整体的竞争力。政府机构也会定期组织培训项目，提升公务人员的业务水平和管理能力。可以说，不论是在校还是在职，终身教育与职业培训已成为个人和组织发展的必修课。

当前，信息技术的发展为终身教育与职业培训带来了新的契机。在线学习、虚拟仿真等新兴模式的出现，极大地拓宽了学习的时空界限，使学习更加自主、灵活、个性化。同时，大数据和人工智能技术也为教育提供了全新的助力，可以根据个人特点提供精准的学习资源和路径设计。未来，我们可以期待终身教育与职业培训的形式将更加多元，内容将更加丰富翔实。

（三）文化传播与公共政策参与

高等教育作为传播和弘扬人类文明、促进国家发展的重要力量，担负着文化传承、知识创新和服务社会等重要责任，其在社会发展中的影响是全方位的。其中，文化传播与公共政策参与是高等教育社会职能的重要体现。

高等教育在文化传播方面发挥着不可替代的作用。高校是人类文明成果的重要载体，承担着“源远流长”文化知识的传承与创新。高校师生通过教学、研究、交流等多种形式，将优秀的传统文化精髓融入现代生活，使之代代相传、生生不息。同时，高等教育也是新兴文化与思潮的重要发源地。校园氛围鼓励师生大胆创新，勇于打破常规，在教学科研中不断产生新的文化理念与成果，推动了社会文化的不断演进。

高校会聚了各领域的专家学者，其研究成果为公共政策提供了科学依据。高校人才为政府决策和治理提供了强有力的智力支持。同时，高校也通过组织各种研讨会、论坛等，为社会各界就公共政策问题进行广泛、深入的讨论提供了平台。高校在这个过程中不仅促进了公共决策的科学化、民主化，而且培养了学生的民主意识、参与热情和社会责任感。

第四节 高等教育的类别

一、普通高等教育

(一) 普通高等教育的定义与目标

普通高等教育作为高等教育体系的重要组成部分，对于培养高级专门人才、发展科学技术、传承人类文明、引领社会进步等方面发挥着不可替代的作用。随着社会的不断发展和时代的持续进步，对高层次人才的需求日益增长，普通高等教育也面临着新的机遇和挑战。如何准确把握普通高等教育的定义和目标，不断深化教育教学改革，提升人才培养质量，已经成为新时代高等教育发展的重要课题。

从概念上看，普通高等教育是指经国家教育行政部门批准设立、实施本科及以上学历教育的高等学校所开展的教育活动。它区别于职业技术教育、成人教育等其他类型高等教育，主要面向高中阶段教育毕业生，以培养高级专门人才为根本任务。普通高等教育通过系统传授学生以本专业必需的基础理论、专门知识，训练其基本技能、专业技能，培养学生具备从事本专业实际工作和科学研究工作的能力。普通高等教育还肩负着提升民族素质、传承优秀文化、促进社会发展的重要使命。

从目标定位上看，普通高等教育的根本目的是立德树人，培养德、智、体、美、劳全面发展的社会主义建设者和接班人。这就要求普通高校必须坚持社会主义办学方向，全面贯彻党的教育方针，培养学生形成正确的世界观、人生观、价值观。同时，普通高等教育还要着力提升人才培养能力，突出教学中心地位，深化教育教学改革，创新人才培养机制，为学生成长成才提供优质教育资源和成长平台。在知识传授的基础上，普通高校更应该注重学生创新精神和实践能力的培养，引导学生把所学知识转化为解决实际问题的本领，成为适应社会需要、引领时代发展的高素质人才。

此外，普通高等教育还应该主动融入区域经济社会发展，服务国家和地方经济社会发展需求。一方面，普通高校要发挥人才培养、科学研究、社会服务、文化传承等方面的职能，为区域发展提供智力支持和人才保障。另一方面，普通高校还要主动对接产业发展需求，根据区域战略性新兴产业、支柱产业发展实际，优化专业结构和人才培养方案，培养紧缺急需人才，助推地方经济高质量发展。我们要以习近平新时代中国特色社会主义思想为指导，推动普通高等教育内涵式发展，进一步增强服务国家战略、地方需求的意识和能力。

系统把握普通高等教育的定义和目标，必须立足新发展阶段、贯彻新发展理念、构建新发展格局，以推动高质量发展为主题，以深化供给侧结构性改革为主线，以改革创新为根本动力，加快构建高水平普通高等教育体系。只有不断深化普通高等教育综合改革，创新人才培养模式，提升人才培养能力，为国家培养德、智、体、美、劳全面发展的高素质专门人才，普通高等教育才能在新时代彰显新作为、展现新气象，为全面建设社会主义现代化国家、实现第二个百年奋斗目标贡献智慧和力量。

（二）普通高等教育的结构体系

普通高等教育的结构体系是一个多层次、多类型、多功能的有机整体，涵盖了本科教育、专科教育和研究生教育等不同层次，以及综合性大学、单科性大学、高等专科学校等不同类型。这种结构体系的形成和发展，既有历史的必然性，又有现实的合理性，体现了高等教育内外部关系的协调和人才培养模式的创新。

从学科设置的角度来看，普通高等教育的结构体系呈现出综合性和多样性的特点。综合性大学涵盖了人文社会科学、自然科学、工程技术等多个学科门类，实现了不同学科之间的交叉融合和协同创新。而单科性大学则侧重于某一特定学科领域的深入研究和人才培养，在该领域形成了独特的学术优势和人才培养特色。高等专科学校则主要面向区域经济社会发展需求，培养应用型、技术技能型人才。这种多样化的学科设置，既满足了社会各行各业对不同类型人才的需求，又为学生提供了更加丰富多元的专业选择空间。

从教学模式的角度来看，普通高等教育的结构体系也呈现出多元化的特点。本科教育阶段普遍采用“通识教育＋专业教育”的培养模式，注重学生知识结构的宽广性和素质教育的全面性。专科教育则更加强调实践教学和应用能力的培养，通过校企合作、工学结合等方式，提高人才培养的针对性和适应性。研究生教育则侧重于学术研究和创新能力的训练，通过导师指导、团队协作等方式，培养具有深厚理论功底和较强创新潜力的高层次人才。这种多元化的教学模式，既符合人才成长的规律，又能够适应社会发展的需求。

从学位体系的角度来看，普通高等教育的结构体系既有本科、硕士、博士等层次之分，又有学术型、专业型等类型之别。学术型学位侧重于理论研究和学术创新，旨在培养从事科学研究、教学工作的高级专门人才。而专业型学位则强调实践应用和职业技能，致力于培养面向特定职业领域的应用型、复合型人才。这种学位体系的建立，既有利于人才培养目标的分类引导，又能够促进学位教育与经济社会发展的紧密衔接。

普通高等教育结构体系的构建和完善，必须立足国家发展战略和高等教育自身规律，既要注重内部结构的合理性和协调性，又要适应外部环境的变化和需求。只有不断深化普通高等教育结构的系统化、科学化，优化学科专业布局，创新人才培养模式，完善学位授予标准，才能切实提升普通高等教育的质量和效益，为国家经济社会发展和人的全面发展提供更加优质的教育资源和智力支持。

二、应用型高等教育

(一) 应用型高等教育的特点与优势

与普通高等教育以学术研究和理论探索为主要导向不同，应用型高等教育更加注重培养学生的实践能力和职业技能，致力于为社会和行业输送高素质的应用型人才。这种特殊的办学定位决定了应用型高等教育在人才培养模式、课程设置、教学方法等方面必须具有鲜明的实践性和针对性。

从人才培养目标来看，应用型高等教育强调学生综合职业能力的培养。这不仅包括扎实的专业理论知识，更重要的是能够将知识转化为实际工作能力，具备分析问题、解决问题的技能。因此，应用型高校在制订人才培养方案时，必须紧密结合区域经济发展和行业需求，明确毕业生应具备的核心能力，并据此设计课程体系和教学内容。同时，应用型高校还应积极构建产教融合、校企合作的育人机制，通过引入企业专家授课、实习实训等方式，强化学生实践能力的培养。

从课程体系设计来看，应用型高等教育突出理论与实践的紧密结合。与普通高校相比，应用型高校更加重视实践类课程的比重，如实验课、实习课、项目课等。这些课程不仅能够帮助学生巩固理论知识，更重要的是通过亲身实践，训练学生发现问题、分析问题、解决问题的能力。同时，应用型高校还应根据专业特点和产业需求，及时更新课程内容，引入前沿技术和行业动态，确保学生所学知识与实际工作需求相适应。

从教学模式和方法来看，应用型高等教育强调以学生为中心、注重能力培养。传统的“灌输式”教学在应用型高校中已不再适用，取而代之的是启发式、参与式、讨论式等教学方法。教师不再是单纯的知识传授者，更应成为学生学习的引导者和促进者。教师要精心设计教学环节，通过情境创设、案例分析、小组讨论等多种形式，调动学生学习的主动性和积极性。此外，应用型高校还应充分利用现代信息技术手段，开展线上线下混合式教学，为学生提供更加丰富、灵活的学习资源和学习方式。

应用型高等教育的实践性和针对性特色，决定了其在人才培养、课程设置、教学模式等方面必须紧密对接社会需求，突出能力本位。只有不断深化教育教学改革，创新人才培养模式，应用型高等教育才能真正发挥其独特优势，为区域经济社会发展源源不断地输送高素质应用型人才。这既是应用型高校的办学使命，也是推动我国高等教育内涵式发展、建设高等教育强国的必然要求。

（二）应用型高等教育的课程设置与教学模式

应用型高等教育的课程设置与教学模式应紧密围绕培养高素质应用型人才这一核心目标展开。与传统的学术型教育不同，应用型教育更加强调理论与实践的紧密结合，注重学生实践能力和创新精神的培养。因此，在课程设置上，应用型高等教育需要根据社会和行业需求，开设与生产实践紧密相关的课程，突出应用性和实践性。课程内容应着眼于解决实际问题，培养学生运用所学知识分析和解决生产一线问题的能力。

在教学模式上，应用型高等教育应积极探索校企合作、项目驱动、案例教学等创新模式。通过引入企业真实项目，让学生参与到生产实践中，在完成项目任务的过程中掌握相关知识和技能，提升实践能力和团队协作意识。案例教学则可以通过分析真实的企业案例，训练学生发现问题、分析问题、解决问题的能力，培养其批判性思维和创新意识。同时，应用型高等教育还应重视创新创业教育，鼓励学生将所学知识转化为创业实践，培养其创新精神和创业能力。

此外，应用型高等教育还需要建设一支“双师型”教师队伍，既具备扎实的理论基础，又有丰富的实践经验。这就要求教师不仅要深入钻研学术理论，还要积极参与生产实践，了解行业发展动态，更新知识结构。只有教师具备了“双师”素质，才能更好地指导学生开展实践活动，提升教学质量。

应用型高等教育需要从课程设置、教学模式、师资队伍等多个方面入手，全面推进教学改革和创新。只有紧密对接行业需求，强化实践教学环节，创新人才培养模式，才能真正实现应用型人才的培养目标，为区域经济社会发展提供有力的人才支撑。这是应用型高等教育的使命所在，也是其不断发展和完善的动力源泉。

三、成人高等教育

（一）成人高等教育的定位与功能

成人高等教育在我国高等教育体系中占据着重要地位，它是面向在职人员开展的以学历教育为主的教育活动。与普通高等教育相比，成人高等教育具有鲜明的特点和独特的功能定位。从培养目标来看，成人高等教育旨在满足在职人员工作、生活和发展的需要，帮助他们提升专业素质，拓宽知识视野，完善人格修养。这与普通高等教育侧重于培养专门人才的目标有所不同。成人高等教育更加强调理论与实践的结合，注重学以致用，培养学生解决实际问题的能力。

从教学形式来看，成人高等教育灵活多样，包括函授、业余、脱产等多种学习方式，能够适应在职人员工作时间不固定、学习时间分散的特点。这种灵活性和开放性有利于扩大受教育群体，为更多人提供继续深造的机会。同时，成人高等教育还充分利用现代信息技术手段，开展远程教育和网络教学，突破时空限制，拓展了教育的边界。从课程设置来看，成人高等教育既涵盖通识教育内容，又突出行业和专业特色。它根据社会需求和学生实际，及时更新教学内容，开设贴近实际、与时俱进的课程，努力缩小人才培养与经济社会发展的差距。

此外，成人高等教育还发挥着重要的社会服务功能。它面向社会开放教育资源，开展非学历教育培训，为社区、企业、行业提供多样化的教育服务。这些服务有助于提高国民整体素质，促进全民学习、终身学习，推动学习型社会的建设。成人高等教育是我国高等教育体系的重要组成部分，在提高劳动者素质、服务经济社会发展、构建学习型社会等方面发挥着不可替代的作用。成人高等教育要立足自身特点，发挥独特优势，不断深化改革，提高教育质量，更好地满足人民群众日益增长的教育需求，为国家现代化建设和人的全面发展做出更大贡献。

（二）成人高等教育的教学特色

成人高等教育在教学方式和学习策略方面呈现出鲜明的特色。与传统高校教育相比，成人教育更加注重学习者的主体地位，强调自主学习和终身学习的理念。成人学习者普遍具有丰富的人生阅历和工作经验，他们的学习动机更加明确，学习目的性更强。因此，成人教育在教学设计上必须充分考虑学习者的特点，采取灵活多样的教学方式，激发学习者的内在动力。

在教学组织形式上，成人高等教育突破了传统的课堂授课模式，广泛采用了案例教学、情境教学、探究式教学等参与式教学方法。通过设置贴近学习者实际工作和生活的问题情境，引导学习者运用已有经验和知识积极思考、主动探索，在解决问题的过程中构建新的知识体系。这种教学方式不仅能够提高学习者的学习兴趣和参与度，更能培养其独立思考、分析问题和解决问题的能力。

在学习策略方面，成人高等教育更加强调学习者的自主性和能动性。与青少年学生相比，成人学习者的自我管理能力更强，他们更善于根据自身特点和需求制订学习计划，选择适合自己的学习方式和节奏。因此，教师应当充分尊重学习者的个体差异，为其提供丰富的学习资源和灵活的学习支持，引导其主动探索、自主学习。同时，教师还应当注重培养学习者的元认知能力，帮助其掌握科学的学习方法，提高学习效率。

成人高等教育重视学习者的实践能力培养。成人学习者大多已经步入职场，他们更加关注所学知识与实际工作的联系。因此，在教学过程中，教师应当积极开展实践教学活动，如案例分析、项目实践、工作坊等，为学习者提供将理论知识应用于实践的机会。通过在真实情境中运用所学知识解决实际问题，学习者能够加深对知识的理解，提升综合应用能力。

四、远程教育

（一）远程教育的作用与影响

随着互联网和信息技术的高速发展，远程教育正逐步成为一种新兴的教育形式，在促进教育公平和推动终身学习方面发挥着越来越重要的作用。

远程教育最重要的贡献在于打破了时间和空间的限制，使优质教育资源得以广泛共享。传统的面授教育方式要求师生同处一地，这无疑加大了师资和教学设施的压力，也限制了教育资源在区域和人群之间的流动。而远程教育则利用现代信息技术手段，将课程内容通过网络、视频等多种形式呈现，学习者只需连接网络，便可以参与精心设计的课程学习。这种教育模式极大地扩展了教育的辐射范围，使偏远地区、工作人员、残疾人士等群体也能享受到优质教育资源的馈赠。

此外，远程教育还为学习者提供了更加灵活自主的学习方式。由于课程内容是预先录制和存储的，学习者可以根据自身的时间安排和节奏进行学习，而不受固定时间和地点的限制。尤其对于已经步入社会的在职人员而言，远程教育为他们继续深造提供了极大的便利。学习者不必抛家舍业离开工作岗位，只需利用碎片化时间即可系统地学习新知识、提升专业技能，促进自身发展。

不可忽视的是，远程教育还为传统教育模式注入了新的活力。一方面，远程教育的发展推动了教育理念的创新，倡导以学习者为中心、个性化学习，这种理念也在传统教育中得到了较好的体现。另一方面，远程课程的制作需要融合多种现代信息技术，如虚拟仿真、3D 动画等，这些新技术也被引入线下课堂中，丰富了教学手段，提高了教学效果。

当然，远程教育也面临着一些挑战和问题。如何保证学习质量，如何促进师生互动，如何做到公平，都需要教育工作者不断努力寻找解决之道。但不可否认，在促进教育公平和终身学习等方面，远程教育已经成为一种重要的突破口和有力补充。相信随着技术的不断进步，远程教育必将焕发更加广阔的发展前景，为构建学习型社会贡献重要力量。

(二) 远程教育技术与平台

远程教育技术与平台的发展和建设为推进教育现代化提供了重要支撑。随着信息技术的飞速进展，云计算、大数据、人工智能等新兴技术日益深入人们的工作和生活，为教育变革带来了前所未有的机遇。借助先进的技术手段，远程教育正在打破时空限制，实现优质教育资源的广泛共享。

远程教育平台是远程教育得以实施的基础设施。它集教学资源呈现、教学活动组织、师生互动交流、学习过程管理等功能于一体，为学习者提供了个性化、智能化的学习体验。一个成熟的远程教育平台通常包括在线课程平台、教学管理系统、虚拟实验环境等多个子系统。在线课程平台承载着海量的数字化学习资源，学习者可以根据自己的需求和节奏，随时随地访问课程内容。同时，平台还支持课程讨论、在线答疑等互动功能，促进学习者之间的协作与交流。教学管理系统则为教师和管理者提供了方便的教学组织工具，他们可以通过系统发布教学任务、跟踪学生学习进度、进行成绩管理等。

先进的信息技术为远程教育平台赋能，使其不断突破时空界限，拓展服务边界。云计算技术使海量教育资源和数据能够存储在云端，通过网络按需调用，极大提升了系统的可扩展性和灵活性。大数据技术可以从海量的教学和学习行为数据中发现规律，为教学诊断、学情分析提供数据支持，帮助教师优化教学策略。人工智能技术在智能答疑、个性化推荐、自适应学习等方面发挥着重要作用，它能够根据学习者的知识基础、学习风格等因素，为其提供量身定制的学习内容和路径，提升学习效率。

远程教育技术与平台的创新发展，为实现更加开放、灵活的教育提供了可能。在线开放课程（MOOC）就是一个典型代表。它打破了高校的围墙，让全球学习者都能共享名校名师的课程资源。学习者可以根据自己的需求，自主选择课程、安排学习进度，真正实现了自主学习、泛在学习。此外，虚拟现实（VR）、增强现实（AR）等沉浸式技术的应用，正在重塑教与学的形态。学习者可以通过 VR 设备身临其境地探索微观世界，或者在 AR 环境中与虚拟对象进行交互，获得身临其境的学习体验。

远程教育技术与平台建设是一个系统工程，需要政府、学校、企业等多方协同推进。政府应加强顶层设计，制定促进在线教育发展的政策法规，为远程教育营造良好的制度环境。学校要加快数字化转型步伐，将信息技术深度融入教学全过程，不断创新教育教学模式。企业要发挥技术和市场优势，加大研发投入，为远程教育提供更加专业、智能的解决方案。只有多方形成合力，远程教育的发展才能行稳致远。

第二章　青年德育基础

第一节　德育的内涵

一、德育的概念

（一）德育的定义

德育是一个复杂而多元的概念，对其内涵的理解需要从不同视角进行考量。从广义来看，德育可以被理解为旨在培养学生良好品德的各种教育活动的总和。无论是在家庭、学校还是社会中，凡是有助于提升个人道德修养、培养高尚情操的教育形式，都可以纳入德育的范畴。这种泛化的理解突出了德育的渗透性和普遍性，表明德育不是某一特定领域的专属，而是融入生活和教育的方方面面。

将德育的内涵无限放大，容易模糊其独特的内在规定性。事实上，作为一种有目的、有计划、有组织的教育活动，德育有其特定的内容和要求。它以社会主流价值观为导向，以培养学生良好的思想品德和行为习惯为核心，通过道德认知、道德情感、道德意志和道德行为的培养，使学生成为合格的社会公民。因此，德育的实质是一个内化价值、外化行为的道德实践活动，是塑造学生健全人格不可或缺的途径。

从主体参与的角度看，德育是一个师生共同参与、彼此互动的过程。教师通过言传身教、环境熏陶、实践活动等方式进行德育教学，学生通过主动内化、实践养成等方式完成道德学习。在此过程中，教师的道德示范和引领固然重要，但更为关键的是唤起学生的道德自觉，调动其道德践行的主动性，使其在实践中内化道德规范、强化道德意识。可以说，学生作为德育的主体，其参与的广度和深度决定了德育实效的高低。

此外，德育还有着鲜明的时代特征。不同的历史时期、不同的社会形态，对个体道德素质的要求各不相同。在当今社会，德育既要继承和发扬中华民族传统美德，又要紧跟时代步伐，培养学生的社会责任感、创新精神和实践能力。这就要求教育工作者准确把握社会发展需求，用发展的眼光审视德育内容，不断推陈出新，增强德育工作的针对性和感召力。只有与时俱进地把握德育内涵，才能确保德育始终与社会发展的脉搏一致，实现其永葆生机与活力。

（二）德育与学校教育的关系

作为培养人的社会实践活动，教育的根本任务是立德树人。而德育作为教育的核心内容，在学生身心发展、价值观塑造、人格完善等方面发挥着关键作用。学校作为实施教育的主阵地，承担着组织、管理和实施德育的重要职责。没有德育的参与和渗透，学校教育就失去了灵魂和方向。同时，脱离学校教育这一载体，德育也难以真正落到实处、收到实效。

从育人目标来看，学校教育的根本任务是立德树人，而德育正是实现这一目标的关键抓手。通过德育，学校引导学生树立正确的世界观、人生观、价值观，帮助其形成良好的思想品德和行为习惯，促进其身心健康、人格完善。可以说，德育为学校教育指明了方向，提供了内在动力。

从育人内容来看，德育为学校教育提供了丰富的素材和资源。德育内容涵盖思想教育、道德教育、法治教育、心理健康教育等诸多方面，与学校教育中的各学科知识紧密相关。例如，语文学科蕴含着丰富的人文内涵，是开展爱国主义教育、文化传承教育的重要载体；历史学科记录了人类文明发展的历程，是开展理想信念教育、家国情怀教育的重要资源。学校教育应充分挖掘各学科的德育元素，将德育内容有机融入教学全过程。

从育人路径来看，学校教育为德育的实施提供了广阔舞台。课堂教学、校园文化、实践活动等都是开展德育的重要途径。教师可以在课堂教学中渗透德育内容，引导学生形成正确的价值理念；学校可以通过开展丰富多彩的校园文化活动，营造良好的育人环境；组织学生参与社会实践，引导其在实践中接受道德洗礼、坚定理想信念。学校教育为德育搭建了广阔的平台，使德育内容“活”起来，增强了德育实效。

从育人评价来看，学校教育为德育提供了重要依据。通过考核评价，学校可以全面了解学生的思想道德状况，及时发现学生在品德发展中存在的问题，有针对性地加以引导和帮助。同时，将德育状况作为学生综合素质评价的重要内容，也能督促学生加强道德修养，促进自身全面发展。

二、德育的目标

（一）德育目标的分类

1．共同目标

共同目标是指全体学生都应当达成的基本道德要求，反映了社会对公民道德素质的普遍期望。它体现了德育的一致性、统一性和规范性，是保证学生健康成长、社会文明进步的基石。例如，爱国主义、集体主义、诚实守信等，都属于学生必须内化的共同品德。

2．个性化目标

个性化目标则是基于学生个体差异而提出的有针对性的德育要求。每个学生都是独特的个体，有着不同的兴趣爱好、能力禀赋、性格特点。因此，德育不能“一刀切”，而应该尊重学生的个性发展需求，为其提供多样化的道德成长路径。例如，对于学习成绩优异的学生，可以侧重培养其谦逊、乐于助人的品质；而对于困难家庭的学生，则可以重点帮助其树立自强不息、奋发向上的人生态度。

（二）德育目标的实现途径

高等教育阶段是实现德育目标的关键时期。在这一阶段，学生已经步入成人教育的门槛，思想道德素质的培养将对其今后的人生发展产生深远影响。因此，高校应当将德育目标的实现贯穿于整个教育教学过程。

在知识传授层面，高校课程体系应当融入德育元素，将爱国主义、集体主义、社会主义核心价值观等价值观教育与专业知识教学相结合。教师不仅要讲授专业知识，更要在知识传授过程中引导学生认识知识背后所蕴含的价值理念，培养学生正确的世界观、人生观和价值观。

在实践教学环节，高校可以设置社会实践、志愿服务等课程，让学生亲身投身社会实践，在与人群的互动中体会社会责任与奉献精神。此外，各类社团活动、讲座报告会等校园文化活动均可成为德育目标实现的重要载体，引导学生养成良好的行为习惯，塑造高尚的品德操守。

高校教师应该以自身的为人处世和职业操守为学生树立良好的榜样，用高尚的人格力量潜移默化地影响学生。同时，高校还应当重视学生自我教育，培养学生的自我约束和自我管理能力，使其在日常生活中自觉遵守社会公德，成为对社会负责任的公民。

三、德育的任务

（一）主要任务

立德树人是教育的根本任务，也是新时代背景下高等教育的重要使命。要培养全面发展的人才，必须立足学生成长成才的内在规律，遵循教育教学的基本原理，采取科学、系统、创新的培养模式。在这一过程中，德育、智育、体育、美育各个方面都不可或缺，需要通过课程教学、校园文化、社会实践等多种途径，多维度、全方位地推进。

从知识层面来看，全面发展的人才应该具备扎实的学科基础知识和宽广的文化视野。这就要求高校在课程设置上体现出综合性和交叉性，注重文理渗透、学科交叉，为学生提供多样化的知识体系。同时，教学内容要紧跟学术前沿和社会发展需求，及时更新，不断充实，以保证知识的先进性和实用性。在教学方法上，要坚持启发式、互动式、探究式，激发学生的求知欲望，培养其独立思考和主动学习的能力。

从能力层面来看，全面发展的人才应该具备敏捷的思维、严密的逻辑、勇于探索的创新精神和善于沟通的合作意识。这就要求高校在教学过程中，注重学生批判性思维和创新能力的培养，通过设置开放性问题、组织探究性学习，鼓励学生质疑、反思、创造。同时，要搭建各类实践平台，提供丰富多彩的社会实践机会，引导学生在实践中强化能力，在磨砺中提升素质。此外，还应重视团队学习和协作训练，培养学生的组织协调能力和集体意识。

从品德层面来看，全面发展的人才应该具备高尚的道德情操、积极的人生态度、健康的心理品质和正确的价值取向。这就要求高校将社会主义核心价值观融入教育教学全过程，引导学生树立远大理想，坚定理想信念。要充分发挥校园文化的教化作用，通过榜样示范、环境熏陶等方式，潜移默化地影响学生，塑造其健全人格。同时，要高度重视心理健康教育，完善心理健康服务体系，帮助学生掌握自我调节的方法，提高心理承受能力，培养乐观向上的品质。

从身心层面来看，全面发展的人才应该拥有健康的体魄和良好的生活习惯。这就要求高校加强体育课程建设，开展形式多样的体育活动，培养学生体育锻炼的兴趣和习惯。要将健康教育渗透到日常管理中，引导学生合理饮食、规律作息，塑造健康的生活方式。同时，要关注学生身心发展特点，有针对性地开展教育指导，促进其身心健康、和谐发展。

高校要树立“以本为本”的教育理念，坚持“四个服务”的办学方向，构建“三全育人”的长效机制。要统筹各方资源，整合各类力量，努力构建全员育人、全程育人、全方位育人的格局。

（二）次要任务

德育工作承担着重要的使命，校园文化建设和学生个人品德培养是其主要任务之一。良好的校园文化对于营造积极向上的育人环境至关重要，其中蕴含着学校的办学理念、管理机制和价值追求，是集中反映学校精神面貌的综合体现。一所学校的校园文化，无论是物质层面还是精神层面，都会潜移默化地影响着师生员工的价值观念和行为方式。因此，我们要注重发挥优秀传统文化和革命文化的教育引导作用，积极弘扬社会主义核心价值观，不断丰富校园文化的内涵，培育积极向上的校风学风。

德育工作离不开对学生个人品德的精心培养。品德是个人在成长过程中形成的一种综合素质，它决定着一个人对是非曲直的判断力、对美善向往的动力以及为人处世的基本底线。品德教育的本质在于帮助学生树立正确的世界观、人生观和价值观，强化道德意识，形成良好的行为习惯。教师要充分运用各种教育资源，将思想道德教育与知识传授、实践活动相结合，用真理的力量启迪学生心智，用高尚人格的力量感召学生灵魂，促进学生全面发展。

此外，培养学生正确的价值观是德育工作的另一个重要内容。当今社会思潮多元，价值观念容易受到各种不良倾向的影响和冲击。因此，我们要以积极乐观的人生态度引导学生树立科学的世界观、人生观和价值观，让他们懂得追求真理、崇尚正义、珍惜生命、尊重他人、热爱祖国等基本道德规范。同时，也要培养学生质疑、求实、勇于创新的精神，以批判性思维看待外界种种现象，明辨是非，勇于担当社会责任。

（三）特殊任务

在当代社会的快速发展中，德育工作面临着前所未有的挑战和考验。一方面，全球一体化和信息化浪潮对人类价值观念产生了深刻冲击，各种思潮文化交汇互鉴，价值取向趋于多元化；另一方面，经济社会转型和利益格局重构，也给人们的价值追求带来了新的诉求。如何引导青年树立正确的价值观，增强道德意识和责任心，是德育工作者必须着力解决的重大课题。

1. 准确把握时代发展潮流，洞察德育工作的新形势新特点

要树立开放、包容的视野，以积极的态度接纳多元文化的存在，深入分析各种价值观的内涵及其影响，精心引导青年辨析是非曲直，筛选吸收有利于个人成长和社会进步的价值理念。同时，也要高度关注经济社会转型给人们价值追求带来的新变化，密切关注青年群体不同阶层的独特需求，把脉时代发展的新特征。

2. 创新德育的理念和方法，与时俱进地更新德育的内容形式

我们既要传承民族优秀文化基因，坚持社会主义核心价值观的根本指引，又要主动融入现代先进文化元素，体现新时代的鲜明特色。在教育方式上，要积极探索网络新媒体的运用，拓展德育的新载体和新渠道，以年轻人喜闻乐见的方式传播正能量，增强德育的亲和力和针对性。

3. 加强德育工作的统筹协调，形成全社会的合力

德育不仅是学校的责任，更需要家庭、社会和全体公民的广泛参与。要构建家校社会协同育人的良性机制，充分发挥各自在德育中的作用，共同为年青一代营造良好的成长环境。政府要加大德育的政策支持力度，为德育工作提供有利条件；社会要加强道德建设，塑造浓厚的良好风尚；家长要重视家庭教育，在生活细节中潜移默化地影响子女。只有整个社会形成了共同的价值追求和行为导向，德育工作才能取得实效，为国家发展积蓄持久的精神动力。

四、德育的性质

（一）全人教育

全人教育理念为当代高等教育改革指明了方向，它强调教育应促进学生德、智、体、美、劳全面发展，培养具有健全人格、广阔视野、创新精神和实践能力的高素质人才。在此背景下，德育工作被赋予了新的内涵和使命，成为高校人才培养的重要组成部分。

德育在全人教育理念下呈现出鲜明的时代特点。首先，德育目标更加立体丰富。传统的德育观念往往局限于思想品德的培养，而全人教育理念下的德育则涵盖了更为广泛的内容，如世界观、人生观、价值观、社会责任感等，旨在引导学生形成积极向上的人生态度和正确的价值取向。其次，德育内容更加贴近学生生活。全人教育理念强调德育要从学生的实际需求出发，关注其在学习、生活、人际交往等方面遇到的实际困惑，帮助其树立自信、学会包容、勇于担当。最后，德育方式更加多元互动。在全人教育理念指导下，德育不再是简单的说教灌输，而是注重营造良好的育人环境，通过课堂教学、实践活动、校园文化等多种载体，促进师生、生生之间的交流互动，引导学生在体验中感悟、在实践中成长。

全人教育理念下的德育还彰显出鲜明的主体性。一方面，德育以学生的需求为中心，尊重其独立人格，激发内在潜能。通过引导学生积极思考、主动实践，德育促进其自我认识、自我教育、自我完善，成为德育过程的主动参与者。另一方面，教师作为引导者和促进者，通过自身的言传身教、价值引领，潜移默化地影响学生，成为其成长路上的指路明灯。可见，全人教育理念下的德育是一个师生共同参与、彼此促进的互动过程，体现了教育主客体的双向互动。

同时，全人教育理念下的德育是一个系统的培养过程，它并非独立于其他教育活动，而是与智育、体育、美育等相互渗透，形成合力。通过将德育融入专业学习、社会实践、志愿服务等活动中，德育得以与学生的认知、情感、意志、行为等多个层面相结合，真正内化为学生的品格和素养。这种全员全过程全方位的德育模式，为学生的全面发展奠定了坚实基础。

(二) 长期性

德育的长期性体现在两个方面：一是德育是一个持续不断的过程；二是德育内容需要不断更新以适应时代发展。

德育是贯穿于人的一生的教育过程，具有持续性和连续性的特点。个体的道德品质的形成不是一蹴而就的，而是需要在家庭、学校、社会等多个场域中，通过耳濡目染、潜移默化的方式，逐步内化为个人的道德信念和行为习惯。这一过程从儿童时期开始，一直持续到成年乃至老年。即便进入高等教育阶段，大学生的世界观、人生观、价值观也并非固定不变，仍处在不断发展完善的过程中。因此，高校德育工作必须遵循教育对象成长发展的规律，坚持在学生成长的不同阶段持之以恒、因材施教、循序渐进地进行道德引导，唯有如此，才能实现对大学生健全人格的塑造。

德育还具有与时俱进、不断更新的时代性特点。社会在发展，时代在进步，不同历史时期对人的道德要求也在发生变化。当前，我国正处于全面建设社会主义现代化国家的关键时期，培养担当民族复兴大任的时代新人是教育的重要使命。这就要求高校德育工作必须立足新发展阶段，贯彻新发展理念，紧密结合社会主义核心价值观，加强爱国主义、集体主义、社会主义教育，引导大学生坚定理想信念，提升道德修养，肩负起时代责任。同时，高校还应关注社会思潮和价值观念的最新动向，既要用马克思主义引领社会思潮，又要在马克思主义指导下吸收人类文明有益成果，在继承传统美德的基础上，探索符合新时代要求的德育内容、途径和方法，用好课堂教学、校园文化、实践活动、网络阵地等德育载体，创新德育工作，不断增强德育的吸引力和感染力。

（三）发展性

德育发展性体现在其内容和形式需要与时俱进，紧跟社会变迁的步伐。随着社会的不断进步和时代的发展，德育所面临的环境和任务也在不断变化。这就要求德育工作者准确把握社会发展趋势，及时调整德育内容和方式，以适应新的育人需求。

一方面，德育内容应与社会发展相适应。不同历史时期，社会对人才的要求各不相同。在农业社会，德育强调忠君爱国、遵古守旧；在工业社会，德育注重培养劳动观念和集体主义精神；而在当今信息社会，德育更加重视创新意识、人文情怀、职业道德等品质的培养。德育只有紧密结合社会发展需要，及时更新教育内容，才能发挥育人功能，培养适应时代要求的高素质人才。

另一方面，德育形式也应随着时代的发展而不断创新。传统德育主要依托课堂教学，采用说教灌输的方式进行。这种单一的形式已不能满足新时代青年学生的成长需求。现代德育应充分利用信息技术手段，采取情境教学、实践体验、项目探究等多样化的教学形式，提高德育的针对性和实效性。同时，德育还应延伸到课外、网上、社会，构建全方位、立体化的德育网络，实现德育与学生生活的有机融合。

面对新的机遇和挑战，德育必须坚持解放思想、实事求是、与时俱进，在继承优秀传统的基础上，吸收现代文明成果，积极进行理念创新、内容创新、方法创新、载体创新，不断增强德育工作的时代性、科学性和人文性。只有这样，德育才能在青年学生成长成才过程中发挥应有作用，引导他们树立远大理想，确立正确的世界观、人生观和价值观，成长为中国特色社会主义事业的建设者和接班人。

第二节　青年德育的内容

一、爱国主义教育

（一）内涵与目标

爱国主义教育旨在培养大学生对祖国的深厚情感，增强民族自豪感和责任感，树立为国奉献、振兴中华的崇高理想。通过爱国主义教育，学生能够深刻认识到个人命运与国家前途的紧密联系，坚定理想信念，锤炼意志品质，自觉把个人理想融入党和国家事业之中。

爱国主义教育的内涵包括爱国情感、爱国意识和爱国行为三个层面。其中，爱国情感是爱国主义教育的情感基础，主要指对祖国的热爱之情和依恋之意。这种情感往往从个人对家乡的眷恋开始，随着认知的不断拓展而上升为对民族、对国家的认同和热爱。爱国意识则是在爱国情感基础上产生的对国家、民族命运的关切和对个人责任的自觉。它体现为强烈的民族自尊心、自信心和自豪感，以及对国家利益的维护意识。爱国行为是爱国情感和爱国意识的外化表现，是爱国主义教育的最终目的。它要求学生在思想上关心国家命运，在行动上履行公民义务，在学习上刻苦钻研，在工作上建功立业，用实际行动诠释爱国之志、报国之情。

要实现爱国主义教育的目标，需要教育工作者结合新时代特点，创新教育内容和方式方法。在教育内容上，要充分挖掘中华优秀传统文化中蕴含的爱国主义基因，讲好中国故事，弘扬民族精神。要将革命文化、社会主义先进文化融入爱国主义教育之中，引导学生深刻领会党领导人民创造的伟大成就，坚定“四个自信”。在教育方式上，要充分利用信息技术手段，开发富有时代特色、贴近学生实际的教育载体，增强教育的吸引力和感染力。要注重发挥学生主体作用，组织学生参与社会实践、志愿服务等活动，在亲身体验中升华爱国情感。

爱国主义教育必须与理想信念教育、道德品质教育相结合，与学生成长成才相融合。只有将爱国之情转化为报国之志，外化为建设祖国的实际行动，才能真正实现立德树人的根本任务。面对新时代新征程，高校更应该牢记育人使命，发挥爱国主义教育的功能作用，引领大学生听党话、跟党走，在全面建设社会主义现代化国家、实现中华民族伟大复兴的历史进程中勇担时代重任、书写壮丽篇章。

（二）实施策略

爱国主义教育是青年学生德育的重中之重，事关民族复兴和国家前途命运。要着力提高爱国主义教育的针对性和实效性，既需要通过丰富多彩的教学方式增强吸引力，更需要立足时代新形势，勇于开拓创新。

案例教学是培养爱国主义情操的有效路径之一。教师可以精心甄选身边的英雄人物事迹、爱国主义精神的生动体现，引导学生通过榜样学习树立远大理想，激发民族自豪感和责任心。同时，我们还应充分利用新时代网络媒体的传播优势，让先进典型人物及其事迹广为传播，以青年学生喜闻乐见的方式自觉接受爱国主义熏陶。

历史教育是培养爱国情怀的不竭源泉。沧桑巨变的历史长河汇聚了中华民族沿袭千年的文化智慧，见证了一代代仁人志士为祖国呕心沥血的不朽业绩。漫漫征程中，屈辱与荣光、苦难与梦想构筑了中华民族生生不息的精神家园。教育者必须引导青年学子沿着这条精神长河一路追溯，以史为鉴、温故知新，从中汲取勇气与力量。

二、集体主义教育

随着社会的高度发展和个人主义的盛行，培养具有集体主义精神的公民显得尤为重要。集体主义强调个人利益服从集体利益，倡导团结协作、互帮互助的价值观。这种价值观念有助于形成良好的社会风尚，增强社会凝聚力，促进社会和谐发展。

在现代社会中推行集体主义教育也面临着诸多挑战。首先，市场经济的发展和竞争机制的引入，在一定程度上助长了个人主义和利己主义的滋生。人们更加注重个人利益的追求，对集体利益的关注度有所下降。其次，网络时代的到来改变了人们的交往方式，虚拟社交在一定程度上削弱了面对面交流，淡化了集体归属感。最后，现代社会的多元化发展也为集体主义教育带来了新的思考。如何在尊重个体差异的同时，培养集体意识和团队精神，是摆在教育工作者面前的一道难题。

面对这些挑战，集体主义教育需要与时俱进，在继承传统优势的基础上，不断创新教育理念和方法。一方面，要加强理论研究，深入剖析集体主义教育的内涵和时代价值，为教育实践提供理论指导。另一方面，要创新教学模式，针对学生的年龄特点和认知水平，设计寓教于乐的教学活动，增强教育的吸引力和感染力。例如，通过组织集体项目学习、团队拓展训练等，让学生在协作中感受集体的力量，培养集体荣誉感和责任心。

高校应注重营造良好的校园文化氛围，弘扬集体主义价值观。通过开展丰富多彩的校园文化活动，如志愿服务、社团活动、文体竞赛等，为学生提供展示自我、服务他人的平台，引导学生树立正确的世界观、人生观和价值观。同时，高校要加强师德师风建设，引导教师以身作则，用自己的言行展现集体主义精神，给学生树立榜样和标杆。

在现代社会中弘扬集体主义精神，既要发挥集体主义教育的优势，又要与时俱进，创新教育理念和方法。只有坚持从我中心主义到我们主义的价值观转变，才能培养出具有集体意识和奉献精神的时代新人，为构建和谐社会贡献力量。这既是教育工作者的责任所在，也是社会发展的必然要求。

三、社会公德教育

（一）社会公德教育的重点与方法

社会公德教育的重点在于培养学生日常行为习惯和公共场所文明规范的自觉遵守。作为高校德育工作的重要组成部分，社会公德教育不仅关乎学生个人修养的提升，更影响着社会文明程度的整体水平。因此，高校必须高度重视社会公德教育，采取多种方式方法，引导学生养成良好的行为习惯，自觉遵守公共秩序，提升文明素养。

在日常行为习惯的培养方面，高校要充分利用各种教育资源和渠道，潜移默化地影响学生。通过开展专题讲座、主题班会、志愿服务等活动，引导学生树立正确的世界观、人生观、价值观，自觉遵守社会公德规范。同时，高校还要注重发挥教师的言传身教作用，以身作则、率先垂范，用自身良好的言行举止感染学生，帮助其形成文明礼貌、助人为乐的良好品质。

在公共场所文明规范的养成方面，高校要加强校园环境建设，营造人人参与、人人践行的氛围。通过制定完善的校园文明公约，开展文明宿舍、文明教室、文明食堂等创建活动，引导学生自觉维护公共秩序，培养其遵规守矩的习惯。同时，高校还要充分利用新媒体平台，加大公益广告、宣传标语等载体的投放力度，让文明规范深入人心，成为学生的自觉追求。

在教育方式方法上，高校要坚持问题导向，针对学生在社会公德方面存在的突出问题，有的放矢地开展教育。通过深入调研，准确把握学生的思想动态和行为特点，有针对性地设计教育内容和活动形式，提高社会公德教育的实效性。同时，高校还要注重发挥学生的主体作用，鼓励其参与社会公德教育的全过程，通过自我教育、自我管理、自我服务，提升社会公德意识和践行能力。

（二）社会公德教育实践

社会公德教育是培养学生良好行为习惯、塑造高尚道德品质的重要途径。在校园中开展社会公德教育，需要从课程设置、活动开展、评价体系等多个维度入手，构建起科学、系统的教育模式。

合理设置社会公德课程是夯实学生道德修养的基础。学校应根据学生的年龄特点和认知水平，开设内容丰富、形式多样的社会公德课程。课程内容应涵盖个人修养、人际交往、社会责任等多个方面，引导学生树立正确的世界观、人生观、价值观。同时，课程形式应摆脱传统的说教模式，采用案例分析、情景模拟、角色扮演等互动性强的教学方法，提高学生的参与度和接受度。通过系统、科学的课程学习，学生能够全面认识社会公德的内涵，内化道德规范，形成良好的行为习惯。

丰富多彩的社会公德实践活动是提升学生道德水平的有效路径。学校应充分利用各种教育资源，开展形式多样、内容丰富的社会公德实践活动。例如，组织学生参与志愿服务，在服务社区、帮助他人的过程中培养奉献精神和责任意识；开展文明礼仪训练，引导学生掌握日常交往的基本礼仪，塑造文明、有礼的言行举止；开展人际交往沙龙，帮助学生学会换位思考，增强人际交往能力。这些活动不仅能够强化课堂所学知识，更能让学生在实践中感悟社会公德的意义，培养良好的道德品质。

四、法治教育

（一）原则与目的

法治教育是高等教育中德育工作的重要组成部分，对于培养学生的法律意识和法治观念具有重要意义。高校开展法治教育，首先要明确其基本原则。法治教育必须坚持以宪法为核心，全面贯彻党的教育方针，坚持社会主义法治理念，努力培养社会主义法治人才。同时，法治教育要坚持理论与实践相结合，注重发挥课堂主渠道作用，并积极拓展第二课堂，开展丰富多彩的法治教育实践活动。

法治教育的根本目的在于提升学生的法律素养，培养其法治意识和法律思维能力。为实现这一目标，高校法治教育应着力做好两个方面的工作：一是加强法律知识的普及；二是培养法治观念。在法律知识普及方面，高校要充分利用课堂教学这一主阵地，将法律基础知识纳入教学内容，加大授课比重。教师要精心设计教学环节，采取案例教学、情景模拟、专题讨论等多种方式，提高教学的针对性和实效性。通过系统学习，使学生掌握宪法、民法、刑法等基本法律知识，了解我国社会主义法律体系的主要内容。

在法治观念培养方面，高校要引导学生树立对法律的敬畏之心，养成遇事找法、解决问题靠法的习惯。要加强师德师风建设，发挥教师的示范引领作用，以身作则、言传身教，帮助学生形成正确的法治观念。要充分利用报告会、主题班会、法治文化节等形式，营造浓厚的法治氛围。通过潜移默化的影响，使学生真正成为崇法守法的模范。

此外，高校法治教育还要注重与社会实践相结合。可以通过组织参观法院、检察院、监狱等司法机关，举办法律咨询和法律援助等活动，让学生走近法律、体验法治。通过亲身实践，加深学生对法律知识的理解，强化其法治意识。同时，鼓励学生参与校园管理，制定和完善相关规章制度，提高自我管理、自我约束的能力。在参与民主管理的过程中，学生能够切身感受法治的重要性，进一步坚定法治信仰。

法治教育是一项系统工程，需要全校各部门通力合作、形成合力。学校党政领导要高度重视，将法治教育摆在突出位置，纳入学校整体发展规划。有关职能部门要各司其职、密切配合，形成齐抓共管的工作格局。任课教师要切实担负起法治教育的课堂教学职责，备好课、讲好课。辅导员、班主任要将法治教育融入日常管理，加强与学生的沟通交流，及时发现和帮助解决学生在法治方面存在的困惑。只有全员参与、协同推进，高校法治教育才能取得实效，真正成为立德树人的有力抓手。

在新时代背景下，加强高校法治教育，对于全面推进高等教育法治化进程，加快建设法治国家、法治政府、法治社会具有重大意义。高校要以习近平法治思想为指导，深入学习贯彻党的二十大精神，紧紧围绕立德树人根本任务，不断深化法治教育教学改革，创新工作机制，丰富教育内容，改进教育方法，切实提升法治教育的针对性、实效性和吸引力，培养德法兼修、明法笃行的高素质法治人才，为全面推进依法治国，建设社会主义法治国家做出积极贡献。

（二）执行途径与活动设计

法治教育是高校德育工作的重要内容，对于培养学生法治意识、提高法律素养具有重大意义。在法治教育的执行途径和活动设计中，模拟法庭、法律讲座和法规案例分析是三种行之有效的方式。

模拟法庭是一种寓教于乐的法治教育形式。通过模拟法庭，学生可以亲身体验法律程序，深入了解法律知识。在模拟法庭活动中，学生需要扮演法官、律师、原告、被告等不同角色，依据案情证据进行辩论、论证，最终作出裁决。这一过程不仅能够加深学生对法律条文的理解，更能提升其逻辑思辨能力、语言表达能力和团队协作能力。同时，模拟法庭还能培养学生的正义感和责任心，使其感悟法律的威严和公平正义的价值追求。

法律讲座是另一种常见的法治教育形式。邀请法学专家、资深律师等开展法律讲座，可以帮助学生系统掌握法律知识，了解法律实务。专家学者基于扎实的理论功底和丰富的实践经验，能够深入浅出地阐释法律原理，剖析典型案例，使枯燥的法律条文变得生动鲜活。通过聆听专家讲座，学生能够开阔法律视野，提升法律思维，领悟法治精神。此外，法律讲座还能引导学生关注社会热点问题，思考法律在现实生活中的运用，增强法治观念和法律意识。

法规案例分析是法治教育中不可或缺的一环。通过对真实案例的深入剖析，学生能够将法律理论与实践相结合，提高运用法律知识分析问题、解决问题的能力。教师可以选取典型案例，引导学生从法律角度分析案情，识别法律关系，适用法律条文。在分析过程中，教师还可以设置开放性问题，鼓励学生发表见解，展开讨论。这不仅能够激发学生的学习兴趣，调动其主动性和创造性，更能培养其批判性思维和语言表达能力。通过案例分析，学生能够真切感受法律的运行逻辑，理解法治的内在价值，树立守法意识和法治信念。

在法治教育的活动设计中，还应注重与学生实际相结合，紧密联系社会热点问题。可以围绕网络安全、校园贷、就业歧视等学生关注的话题开展法治教育，引导学生运用法律武器维护自身权益。同时，法治教育还要突出实践导向，鼓励学生走出校园，参与社会实践。通过参与法律援助、普法宣传等活动，学生能够在实践中感悟法律的力量，培养法治情怀。

高校要立足办学定位和人才培养目标，创新法治教育方式方法，丰富法治教育内容，不断提升法治教育的针对性和实效性。只有扎实推进法治教育，才能引导学生尊崇法治、厉行法治，培养德法兼修的高素质人才，为全面依法治国提供坚实的人才支撑。

（三）重要性强化

法治教育是高校德育工作的重要组成部分，对于培养青年学生的法治意识和法律素养具有重要意义。在新时代背景下，加强高校法治教育，引导青年学生树立法治信仰，增强法律意识和法律素养，已经成为高校德育工作的重中之重。

1. 帮助青年学生树立法治信仰，增强法律意识

法律是现代社会的基本准则，是维护社会秩序、保障公民权益的重要工具。只有树立起对法治的信仰，真正认识到法律的权威性和不可侵犯性，青年学生才能自觉遵守法律，维护法律尊严。为此，高校要通过专题讲座、案例分析等多种形式，深入阐释法治的内涵和意义，引导学生正确认识法律在社会生活中的重要作用，内化法治精神，外化法律行为。

2. 提高青年学生运用法律知识分析问题、解决问题的能力

法律知识的掌握固然重要，但更为关键的是能够学以致用，在现实生活中运用法律维护自身权益。为此，高校要开设法律实务类课程，通过模拟法庭、法律讲座等实践活动，训练学生运用法律知识分析案情、整理证据、进行法庭辩论的能力。同时，还要引导学生关注社会热点问题，运用法律思维分析其中的法律问题，提出解决方案。只有在实践中不断运用法律，法治意识才能真正内化为法律素养。

3. 培养青年学生恪守法律底线、坚守法治正义的良好品格

法律不仅是一种行为规范，更蕴含着特定的价值理念和道德追求。青年学生作为国家的未来和希望，必须具备健全的法治人格和崇高的法治情怀。为此，高校要注重发掘法律背后的价值内涵，引导学生领会法律的平等性、正义性，树立公平正义的价值追求。同时，还要通过先进模范的选树，宣传见义勇为、舍己救人的法治典型，引导学生见贤思齐，将法律意识外化为法治行动。

第三节　青年德育的价值定位

一、青年德育与个人发展的关系

（一）德育对个人品质塑造

德育对个人品质塑造具有重要意义，它通过培养积极向上的人格特质和社会责任感，帮助青年树立正确的世界观、人生观、价值观。德育不仅关乎个人的健康成长，更影响着社会的稳定与进步。在青年时期这一人生的关键阶段，加强德育工作，对于促进青年全面发展、引导其成长为德、智、体、美、劳全面发展的社会主义建设者和接班人具有重大意义。

从个体层面来看，德育是塑造积极人格、培养良好品德的重要途径。通过德育，青年能够形成勤劳、诚信、友善、自律等优良品格，树立正确的是非观念和价值取向。这些品格和观念不仅是个人成长的重要基石，也是其未来立身处世、服务社会的宝贵财富。同时，德育还能够激发青年的责任意识和担当精神，培养其“先天下之忧而忧，后天下之乐而乐”的家国情怀和社会责任感。这种高尚的情操和责任担当，是支撑个人不断进取、实现自我价值的精神动力。

从社会层面来看，德育在维护社会稳定、促进社会文明进步中发挥着不可替代的作用。一个社会的兴衰成败，在很大程度上取决于其成员的道德水准和精神风貌。德育通过引导青年树立正确的世界观、人生观、价值观，帮助其辨明是非善恶、坚守道德底线，自觉抵制各种错误思潮和腐朽文化的侵蚀，为社会注入道德滋养和精神力量。同时，德育还能够培养青年的法治意识和公德意识，引导其成为自觉遵纪守法、维护公序良俗的模范公民。当代年青一代的道

德素养和精神面貌，将直接影响中华民族的未来命运和中国特色社会主义事业的兴衰成败。

青年时期是人生观、价值观形成和确立的关键时期，也是德育工作的重点阶段。这一时期，青年的身心发展尚未完全成熟，思想还比较单纯，对外界的各种思潮和价值取向较为敏感。如果缺乏正确引导，极易受到错误思想的影响和侵蚀。因此，加强青年德育，引导其树立正确的世界观、人生观、价值观，是高校思想政治教育的重要任务。高校要充分发挥育人主阵地作用，将社会主义核心价值观融入教育教学全过程，引导青年自觉践行、坚定道路自信、理论自信、制度自信、文化自信，努力成长为担当民族复兴大任的时代新人。

德育对于个人品质的塑造和社会文明的进步都具有重要意义。它通过培养青年积极向上的人格品质和社会责任感，帮助其树立正确的世界观、人生观、价值观，为个人的全面发展和社会的长治久安提供精神动力和道德滋养。在新时代背景下，深入推进青年德育工作，培养担当民族复兴大任的社会主义建设者和接班人，是全社会的共同责任。只有德、智、体、美、劳全面发展的年青一代，才能肩负起实现中华民族伟大复兴的历史重任，为中国特色社会主义事业续写新的辉煌篇章。

（二）德育对认知与情感发展的作用

青年时期正处于认知发展和情绪发展的关键阶段，德育工作的开展对于培养青年的理性思维和健康情感具有重要意义。从认知发展的角度来看，青年期是抽象逻辑思维迅速发展的时期。通过系统、科学的德育教育，可以帮助青年学生掌握辩证思维的基本方法，学会用全面、发展的眼光看待问题，提高分析问题和解决问题的能力。同时，德育教育还能够引导青年树立正确的人生观、价值观和道德观，在认知层面上奠定道德行为的基础。

从情感发展的角度来看，青年期情绪波动较大，自我意识逐渐觉醒。在这一时期，青年亟须得到情感上的引导和支持。德育工作应当关注青年的情感需求，通过富有感染力的教育方式，如榜样示范、情景教学等，激发青年的道德情感，陶冶高尚的情操。只有在情感上产生认同和共鸣，青年才能真正内化道德规范，形成稳定的道德品质。

此外，德育工作还应注重培养青年的自我管理能力和自我教育能力。一方面，要帮助青年学会管理自己的情绪，面对困难和挫折时保持乐观向上的态度；另一方面，要引导青年主动进行道德反思和自我完善，养成自觉践行社会主义核心价值观的习惯。只有青年学会自我管理和自我教育，德育工作的效果才能真正得到巩固和提升。

然而，当前德育工作在培养青年理性思维和健康情感方面还存在一些不足。一些学校的德育教育流于形式，缺乏针对性和实效性；教育方式单一，难以有效调动青年的积极性；对青年的认知特点和情感需求关注不够，德育内容脱离青年的现实生活。这些问题在一定程度上影响了德育工作的质量，制约了青年健康人格的塑造。

要切实发挥德育工作在青年认知和情感发展中的积极作用，必须立足青年的发展特点，创新工作理念和方法。一是要坚持育人为本，以促进青年健康成长为出发点和落脚点，设计科学系统的德育课程和活动。二是要与时俱进，紧跟时代发展和社会进步的步伐，不断丰富德育内容，提高德育工作的吸引力和感染力。三是要因材施教，根据不同青年群体的认知水平和接受能力，采取针对性的教育策略，最大限度地调动他们参与德育的自觉性和主动性。四是要注重实践，为青年提供道德实践的机会和平台，引导他们在实践中内化道德品质，提升道德修养。

只有全面落实立德树人根本任务，创新德育工作方式方法，才能帮助青年筑牢理想信念之基，扣好人生第一粒扣子，为实现中华民族伟大复兴的中国梦输送合格的建设者和可靠的接班人。这既是教育工作者的神圣职责，也是全社会的共同责任。

（三）德育对职业发展的影响

青年时期是规划人生发展道路、奠定事业基础的关键阶段，德育对于引导青年树立正确的职业价值观、培养积极向上的职业精神具有重要意义。优秀的职业道德不仅是执业者维护行业荣誉、赢得社会尊重的基石，更是个人持续发展、获得职业成功的重要保障。

适当的德育教育能够帮助青年树立崇高的职业理想，明确个人发展方向。通过学习职业道德规范、行业准则，青年能够认识到每一种职业都肩负着重要的社会责任和使命，进而形成对本职工作的热爱和敬畏之心。同时，德育还能培养青年吃苦耐劳、勤恳踏实的职业精神，在面对艰难挑战时不言放弃、永不气馁。这种坚忍不拔的毅力和决心正是职业发展的重要支撑。

除了职业道德和精神的塑造，德育对于完善青年职业生涯规划也发挥着关键作用。通过行业实践活动、先辈身教言传等方式，青年能够更全面地了解不同职业的发展前景、就业环境和心理素质要求。在此基础上，他们能更加理性地评估自身条件，选择最匹配的职业道路。同时，德育有助于培养青年不断学习、主动进取的习惯，这种终身学习的理念对于不断提升职业技能、跟上时代发展步伐至关重要。

德育不仅有助于树立正确的职业观、培养职业操守，更能增强职业责任感、坚定职业理想。只有将职业道德教育贯彻始终，青年才能在日后的工作生涯中行稳致远，在个人发展和社会贡献两个方面均收获理想的成果。

二、青年德育对社会发展的贡献

（一）德育与社会稳定

德育作为培养公民道德品质、树立正确价值观的重要手段，在维护社会稳定、促进社会和谐发展中发挥着不可替代的作用。一个稳定有序的社会离不开公民良好道德素质的支撑，而培养公民的道德意识和法治观念，正是德育的重要任务之一。

通过系统的德育教育，学生能够深入理解社会主义核心价值观的内涵，树立正确的世界观、人生观和价值观。他们会明白，遵纪守法不仅是公民的基本义务，更是维护社会稳定、实现个人发展的必由之路。德育教育引导学生自觉遵守法律法规，尊重社会公德，树立规则意识，这为他们成长为合格公民奠定了坚实的思想基础。

德育还注重培养学生的社会责任感和奉献精神。通过开展志愿服务、社会实践等活动，学生能够亲身感受到个人与社会的紧密联系，认识到自己肩负的社会责任。他们懂得要以自己的实际行动回馈社会，为构建和谐社会贡献力量。这种强烈的社会责任感将促使他们自觉遵守社会规范，成为维护社会稳定的积极力量。

此外，德育教育还有助于提升学生的道德判断力和决策力。面对复杂多变的社会环境，学生难免会遇到各种道德困境和价值冲突。而德育教育正是要帮助学生形成正确的是非善恶观，提高其辨别是非、独立思考的能力。通过学习和内化德育内容，学生能够运用道德原则分析问题，作出符合社会公德的选择，从而在行为上自觉遵守社会规范，成为一名遵纪守法的好公民。

培养学生良好的道德品质和法治意识，对于维护校园稳定、营造良好育人环境也具有重要意义。一个充满正能量、风清气正的校园环境，离不开每一位师生的道德自律和规则意识。德育教育引导学生尊师重教、团结友爱、诚实守信，使其在日常学习生活中自觉遵守校规校纪，与他人和谐相处。这不仅有利于塑造文明有序的校园环境，也为学生步入社会、适应社会打下了坚实的基础。

培养具有高尚道德情操、遵纪守法的社会主义建设者和接班人，是教育的重要使命。德育必须紧紧围绕这一目标，将社会主义核心价值观贯穿教育全过程，引导学生树立正确的世界观、人生观、价值观，自觉践行社会公德和法治要求。只有加强德育工作，提高学生道德素质和法治意识，才能为国家培养出一代又一代爱国守法、德才兼备的高素质人才，为维护社会和谐稳定、实现中华民族伟大复兴的中国梦提供坚实的人才支撑。

（二）德育在促进社会公平正义中的作用

社会公平正义是社会主义核心价值观的重要内容，是社会和谐稳定的基本保障。年青一代作为国家建设和民族复兴的生力军，其价值取向和行为规范对社会公平正义的实现具有深远影响。青年时期正处于世界观、人生观、价值观形成和确立的关键阶段，加强青年德育，引导青年树立正确的公平正义观念，对于构建社会主义和谐社会具有重大意义。

德育在培养青年公平正义意识方面发挥着不可替代的作用。通过开展丰富多彩的德育活动，教育者能够帮助青年认识社会公平正义的本质内涵，理解公平正义的价值意义，进而自觉践行公平正义理念。德育教育不仅要向青年传授公平正义的理论知识，更要引导其将公平正义内化为自身修养，外化为自觉行动。唯有如此，才能真正实现青年价值观念与社会主流价值的有效对接，为社会公平正义奠定坚实的思想基础。

在现实生活中，社会不公平现象依然普遍存在，收入差距、教育资源分配不均等问题依然突出，这些都严重影响着社会的公平正义，损害着人民群众的切身利益。面对这些现实问题，德育工作者应引导青年正确认识社会现状，深入分析问题根源，提出解决问题的措施和办法。同时，德育还应培养青年的社会责任感和奉献精神，激励青年自觉投身到促进社会公平正义的实践中去，用实际行动推动社会的进步与发展。

德育在引导青年树立公平正义价值观的过程中，要注重发挥青年的主体作用。一方面，德育工作者要尊重青年的主体地位，通过平等交流、互动讨论等方式，启发青年独立思考，增强其主人翁意识。另一方面，要充分发挥青年榜样的示范引领作用，宣传先进典型事迹，激发青年对公平正义的向往和追求。只有调动青年的积极性、主动性，才能使德育工作入脑入心，取得实效。

德育工作者要立足青年成长发展需求，创新教育理念和方法，引导青年把个人理想与社会发展相结合，自觉践行社会公平正义，为促进社会和谐贡献青春力量。只有年青一代牢固树立公平正义的价值理念，自觉肩负起时代赋予的光荣使命，我们才能不断开创中国特色社会主义事业新局面，实现中华民族伟大复兴的中国梦。

（三）职业教育与经济发展

职业教育与经济发展之间存在着密不可分的联系。一方面，经济的快速发展离不开大量高素质劳动者和技术技能人才的支撑。职业教育通过培养具备专业技能和职业素养的人才，为经济发展输送新鲜血液，提供智力支持和人力保障。没有职业教育的有力支撑，经济发展就会面临“人才荒”的窘境。另一方面，经济发展水平又决定着职业教育的发展空间和培养质量。经济的繁荣会带来就业岗位的增加和产业结构的升级，从而对职业人才提出新的更高要求。只有适应经济发展需要，职业教育才能找准市场定位，优化专业设置，提升人才培养质量。可以说，职业教育是经济发展的“助推器”，而经济发展则是职业教育的“风向标”。

在现代社会，职业教育对于提升劳动者整体素质，增强企业核心竞争力，推动经济高质量发展具有不可替代的作用。通过开展多层次、多形式的职业教育，广大劳动者能够掌握必要的文化知识和专业技能，树立正确的职业价值观和职业道德观，成为各行各业的技术骨干和能工巧匠。同时，拥有大批高素质的职业人才，企业才能实现产品和服务的优化升级，提高生产效率和管理水平，在激烈的市场竞争中赢得主动。从宏观来看，发达的职业教育体系是国家综合实力和核心竞争力的重要体现，对于推动产业结构调整，实现创新驱动发展，打造经济发展新引擎至关重要。许多发达国家之所以能长期保持经济领先地位，在很大程度上得益于其先进完善的职业教育体系。

新时代背景下，加快发展现代职业教育，已经成为服务经济社会发展、推进人的全面发展的必然选择。随着我国经济由高速增长阶段转向高质量发展阶段，加快培养高素质劳动者和技术技能人才，已经成为稳增长、促改革、调结构、惠民生的重要抓手。要实现这一目标，必须进一步深化职业教育改革，增强职业教育适应性，推动职业教育与经济社会发展有机衔接、协同发展。努力构建纵向贯通、横向融通的现代职业教育体系，打通职业教育与普通教育、继续教育的通道，为学生提供多样化的成长路径。同时，要不断创新职业教育模式，推行工学结合、校企合作、产教融合，强化学生实践能力培养，提高人才培养质量和针对性。此外，要营造社会尊重技能人才的良好氛围，进一步提高技术技能人才的社会地位和待遇，激发广大青年学生学习技能、增长才干的热情。

三、青年德育在文化交流中的地位

（一）德育与文化认同感建立

文化认同感是个体对所属文化群体的情感依附和价值认同，它不仅涉及个体对本族文化的理解和接纳，更体现了个人价值取向与群体文化之间的契合程度。在青年成长的关键时期，建立文化认同感对于个体身心健康发展和社会文化传承都具有重要意义。而德育作为引导青年形成正确价值观念、培养高尚道德情操的教育实践活动，在青年文化认同感形成中发挥着不可替代的作用。

1. 德育能够帮助青年深入理解本土文化的内涵

每一种文化都有其独特的历史渊源、价值理念和行为规范，这些内容构成了一个民族文化的核心要义。通过德育教学，教师可以向青年学生系统阐释本民族文化的起源演变、发展脉络以及蕴含其中的思想精华，引导他们客观认识本民族文化在世界文明发展进程中的地位和贡献。同时，教师还可以通过讲述英雄人物事迹、分析优秀文学作品等形式，生动展现本民族文化的独特魅力，激发青年学生的文化自豪感和认同感。只有对本民族文化有了全面深入的了解，青年才能真正领悟和认可其中的核心价值，进而形成稳固的文化认同。

2. 德育有助于引导青年学生形成民族文化自信

文化自信源于对本民族文化价值的充分肯定，是民族自尊、自信和自强精神的集中体现。在当今世界文化交流日益频繁的背景下，年青一代更容易受到外来文化的影响和冲击。如何在多元文化并存的格局中坚定文化自信，是摆在每一个青年面前的重大课题。而德育恰恰提供了解决这一问题的重要路径。通过开展中华优秀传统文化教育，引导青年学生认识中华文明的悠久历史和深厚底蕴；通过弘扬社会主义核心价值观，帮助青年学生树立正确的世界观、人生观和价值观；通过培养爱国主义情怀，激发青年学生振兴中华的使命感和责任感。在这个过程中，青年学生将逐步建立起对本民族文化的坚定信念和文化自信，从而更加坚定地认同本族文化，并自觉地成为民族文化的传承者和弘扬者。

3. 德育能够促进青年学生在多元文化中确立文化主体性

当代社会，不同国家和民族之间的文化交流日益广泛，多元文化并存已经成为世界发展的大趋势。在这种背景下，年青一代如何面对多样的文化形态，在吸收借鉴其他文明成果的同时又保持本民族文化的独立性和纯洁性，是一个亟待思考的问题。对此，德育可以通过渗透文化对比和文化选择的理念，培养青年学生的文化鉴别力和选择性吸收能力。教师应引导学生在尊重多元文化差异的基础上，以开放包容的心态看待不同的文化形态，学会欣赏每一种文化的独特之美。同时，教师还应该传授学生文化辨析的基本方法，提高他们甄别文化是非优劣的能力，自觉抵制腐朽落后文化的侵蚀。唯有如此，青年学生才能在纷繁复杂的文化环境中树立主体意识，确立文化自主性，进而真正成为中华民族优秀文化的自觉传承者和创新发展者。

4. 德育能引导青年学生以文化认同促进民族团结

文化认同感不仅是个人对本民族文化的情感依附，更是凝聚民族向心力、增强民族凝聚力的思想基础。在我国这样一个统一的多民族国家，增进各民族青年对中华民族共同体的文化认同，对于铸牢中华民族共同体意识、维护祖国统一和民族团结具有重大意义。为此，德育应注重加强青年学生中华民族共同体教育，引导他们在学习本民族优秀文化的同时，充分认识中华文化的多元一体性，理解不同民族文化在中华文化大家庭中的独特地位和贡献。同时，教师还应引导学生尊重差异、包容多样，自觉践行各民族交往交流交融的理念，推动形成各美其美、美美与共的良好氛围。唯有如此，青年学生才能从文化的视角树立起休戚与共、荣辱与共的命运共同体意识，自觉肩负起维护国家统一、民族团结的神圣使命，共同创造中华民族的美好未来。

由此可见，德育不仅能帮助青年学生全面理解和深刻领悟本民族文化的核心内涵，树立坚定的文化自信；而且能引导青年学生在多元文化格局中确立鲜明的文化主体性，自觉成为本民族文化的传承者和创新者。同时，德育还能以文化认同为纽带增进年青一代的民族凝聚力和向心力，为铸牢中华民族共同体意识、维护祖国统一贡献青春力量。可以说，在青年文化认同感形成的过程中，德育发挥着基础性、引领性和导向性的重要作用。新时代背景下，进一步深化青年德育工作，促进青年树立文化认同感，对于传承发展中华优秀传统文化、增进民族团结、实现中华民族伟大复兴具有十分重要的意义。这不仅关涉年青一代的全面发展，更关乎中华民族的永续发展和历史进步。

（二）德育在国际交往中的作用

在全球化时代，国际交往日益频繁，文化交流不断深化。面对多元文化的交融与碰撞，年青一代需要具备开阔的国际视野和跨文化交往能力，才能更好地适应这个多变的世界。德育在培养青年跨文化交往能力方面发挥着不可替代的作用，它引导青年正确认识不同文化，学会欣赏差异，培养包容心，增进对他国文化的理解和尊重。

1. 帮助青年树立文化平等观念

每一种文化都有其独特的内涵和价值，不存在高低优劣之分。青年要摒弃文化偏见和优越感，以平等、谦逊的心态看待不同文化。在跨文化交往中，要努力去了解对方的文化背景、风俗习惯、价值观念，体谅文化差异带来的不同思维和行为方式。唯有在平等互鉴中，才能实现真正的心灵沟通。

2. 引导青年增强文化自信和文化认同

青年深入了解本民族的优秀传统文化，才能在与异质文化交流时保持自信。中华文化源远流长，具有深厚的人文内涵和精神价值，这是我们面对世界文化时的最大底气。通过学习和传承中华优秀传统文化，青年可以坚定文化自信，增强文化认同感，从而以开放自信的心态投身于国际文化交流。

3. 培养青年的跨文化学习和理解能力

国际视野不是天生的，而是通过学习和实践逐步拓展的。德育要为青年搭建多样化的跨文化学习平台，如开展国际交流项目、引进国外优质教育资源、组织外语文化节等，让青年在浸入式体验中感知异国文化，提升跨文化理解能力。同时要教导青年在交往中换位思考，学会站在对方立场感受和理解，化解文化冲突。

4. 提高青年运用外语进行跨文化交流的能力

语言是文化的载体，也是跨文化交流的桥梁。扎实的外语能力可以帮助青年更好地了解他国文化，表达自身观点，开展有效对话。因此德育要将外语教育与文化教育有机结合，不仅教授语言知识和技能，更要注重培养学生的跨文化语言应用能力，提高其在国际交往中的语言表达效能。

培养具有国际视野和跨文化交往能力的青年人才，既是适应全球化发展大势的需要，也是实现中华民族伟大复兴的必然要求。新时代青年唯有立足本土、放眼世界，才能在文明的交流互鉴中展现自身风采，为人类命运共同体建设贡献智慧和力量。德育必须紧跟时代步伐，不断创新内容和方法，全面提升青年跨文化交往的意识和能力，为他们成长为具有全球竞争力的世界公民奠定坚实基础。

（三）德育在促进多元文化中的重要性

在当今多元文化交融的时代，培养青年学生包容并蓄、兼收并容的文化态度显得尤为重要。德育作为塑造青年价值观念、道德品质的重要途径，在促进不同文化背景下青年的相互理解、尊重与欣赏方面肩负着不可替代的责任。

1. 有助于青年学生树立文化自信，增强民族认同感

通过系统学习本民族的优秀文化传统，青年能够更加深刻地认识本民族文化的独特魅力，领悟其中蕴含的智慧结晶。在此基础上，青年才能以开放包容的心态去欣赏、吸收其他文明的精华，在多元文化交流中坚定文化自信。

2. 引导青年学生正确认识文化多样性的价值

每一种文化都有其独特的历史渊源和发展轨迹，都为人类文明的进步贡献了宝贵财富。通过比较分析不同文化的异同，德育可以帮助青年学生摆脱狭隘的民族中心主义观念，树立平等、互鉴的文化交流理念。唯有如此，青年才能在多元文化激荡中找到自己的文化坐标，推动不同文明的交流互鉴。

3. 提升青年的跨文化交际能力

在全球化时代，不同国家、民族间的交往日益频繁，文化差异带来的隔阂与矛盾也日益凸显。德育可以教导青年学生尊重文化差异，用换位思考的方式

体察他者心理，在交往中注重对方的文化习俗与价值观念。唯有懂得设身处地地为他人着想，才能在跨文化交往中求同存异、和而不同。

4. 激发青年投身构建人类命运共同体的使命感

人类只有一个地球，不同国家、民族唯有携手合作，才能有效应对恐怖主义、气候变化、重大传染病等全球性挑战。德育可以引导青年学生胸怀天下，以世界主人翁的姿态积极参与国际事务，为推动构建人类命运共同体贡献青春力量。

第四节　青年德育的实施途径

一、自我教育

（一）自我认知与价值观形成

青年阶段是一个人价值观形成和发展的关键时期。在这一阶段，青年人通过对自我、社会和世界的认知和体验，逐步构建起自己的价值观体系。这一过程不仅关乎个人的健康成长，更影响着社会的进步和文明的传承。因此，探讨青年如何通过自我反思和社会经验塑造个人价值观，对于青年自身发展和社会发展都具有重要意义。

自我认知是青年价值观形成的基础。青年时期，个体的自我意识日渐清晰，开始思考“我是谁”“我从哪里来”“我要到哪里去”等关乎生命意义的问题。这种自我反思不仅让青年更加了解自己的性格特点、兴趣爱好、才能禀赋，也让他们开始思考人生的价值和目标。在这一过程中，青年通过内省和自我对话，逐步厘清生命的意义和追求，进而形成初步的价值取向。这种源于内在的价值判断，是青年树立正确价值观的重要基础。

社会经验则为青年价值观的形成提供了现实土壤。青年时期，个体开始走出校园、走向社会，接触到更加广阔多元的人生境遇。在与不同背景、不同观点的人交流互动中，青年看到了社会的复杂性和多样性，体验到人生道路的曲折和艰辛。这些鲜活的社会经验不仅拓宽了青年的视野，也磨砺了他们的意志品质。在现实世界的冲击和洗礼下，青年开始反思个人与社会的关系，思考自己在社会中的角色和责任。由此，他们的价值观念也变得更加成熟和坚定。

自我反思和社会经验在青年价值观形成中相辅相成、相得益彰。一方面，青年通过自我反思，不断审视和修正自己在社会实践中形成的价值判断，使其更加符合内心的需要和人生的目标。另一方面，青年又在社会经验的积累中，不断丰富和深化对自我、人生的理解，使内在的价值追求更加务实和坚定。在自我与社会的互动中，青年逐步形成了稳定的价值观念体系，为人生道路指明了前进的方向。

青年价值观的形成是自我反思和社会经验相互作用的结果。只有在二者的辩证统一中，青年才能树立起正确的世界观、人生观和价值观，成长为有理想、有担当、有作为的时代新人。作为教育工作者，我们应该为青年提供更多自我认知和社会实践的机会，引导他们在人生体验中不断完善自我、砥砺品格，为实现人生价值和社会价值而不懈奋斗。

（二）自我管理与目标设定

自我管理与目标设定是青年个人成长和发展的关键。通过自我认知，青年可以明确自己的兴趣、特长和价值取向，进而树立切实可行的人生目标。但目标的实现离不开持之以恒的自我管理。青年需要通过自我观察和反思，及时调整行为策略，克服惰性和诱惑，保持奋斗的动力和激情。

首先，自我管理的首要任务是时间管理。青年应该合理规划时间，区分轻重缓急，把宝贵的时间投入最有价值和意义的事情上。通过制订周、月、年计划，并细化到每一天的日程安排，青年可以有条不紊地完成各项任务，提高学习和工作效率。同时，青年还要学会弹性管理时间，根据实际情况灵活调整计划，避免因过于死板而失去应变能力。

其次，青年要加强自我激励，保持积极乐观的心态。追求目标的过程往往充满艰辛和挫折，稍有懈怠就可能半途而废。因此，青年要学会自我鼓励，客观看待困难和失败，从挫折中吸取教训，重新出发。通过设置阶段性目标，给自己适当的奖励，青年可以增强成就感和自信心，坚定不移地朝着既定目标前进。

最后，青年还要注重自我管理的方法和策略。针对自身的特点和需求，青年可以借鉴已有的时间管理技巧、学习方法、思维训练等，并加以灵活运用。例如，通过思维导图梳理知识脉络，运用费曼学习法加深对知识的理解，利用番茄工作法提高专注力和效率等。同时，青年要善于发现和利用身边的资源，与他人交流分享，取长补短，共同进步。

树立远大理想，锤炼意志品质，提升综合素养，是每一位青年的使命和责任。而这一切，都离不开青年自身的努力和自我管理。只有不断完善自我，提高自我管理能力，青年才能在逐步实现人生目标的同时，以昂扬向上的精神面貌和扎实过硬的本领，担当起时代赋予的光荣使命。

（三）励志与自我激励机制

自我激励它不仅能够引导青年树立积极向上的人生目标，更能激发其内在的学习动力和成长动力，使其保持长期的进取心和奋斗精神。

培养青年的自我激励能力，需要引导其正确认识自我，树立自尊自信的品格。只有青年认识到自身的价值和潜力，才能建立起积极的自我概念，进而产生强烈的自我完善意愿。教育者应通过鼓励赏识、展示舞台等方式，帮助青年发现自身优势，肯定自我成就，从而增强其自信心和成就感。

培养青年的自我激励能力需要引导其学会自我管理，掌握科学的学习和生活方法。自我管理是自我激励的重要基础，只有青年能够合理规划时间，高效安排学习和生活，才能在目标达成过程中获得持续的正向体验和情感激励。教育者应向青年传授时间管理、学习策略等方面的知识和技能，引导其养成自律自强的习惯，为保持长期奋斗提供行为支撑。

积极的心理品质如乐观、坚韧、自控等，能够帮助青年直面困难挫折，坚定信念，持之以恒地追求目标。教育者应通过心理辅导、挫折教育等方式，提升青年的心理素质，培养其积极的人生态度，使其具备面对复杂环境和逆境考验的能力。

良好的自我激励需要特定的环境氛围作为支持。学校、家庭、社会应通力合作，共同营造鼓励进取、宽容失败的育人环境，使青年感受到来自外界的支持和理解。学校可以开展形式多样的德育实践活动，为学生提供展现自我、超越自我的机会；家庭应注重营造和谐温暖、民主平等的氛围，给予青年充分的理解和尊重；社会则应塑造正面健康的价值导向，为青年树立积极向上的典型和榜样。

二、家庭德育

（一）家庭文化与德育价值传承

家庭文化对年青一代的价值观形成和人格塑造具有深远影响。家庭是个体社会化的第一课堂，父母的言传身教在潜移默化中影响着子女的价值取向和行为方式。一个富有教育意义的家庭文化，能够为青年树立积极向上的人生榜样，帮助其确立正确的世界观、人生观和价值观。反之，一个缺乏引导、放任自流的家庭环境，则可能导致青年价值观的偏离和人格的缺陷。因此，家庭必须充分发挥其德育功能，以良好的家风家教引领青年健康成长。

塑造优良的家庭文化，需要父母以身作则，率先垂范。父母的价值观念和行为表现，是子女效仿的直接对象。如果父母能够在日常生活中体现出勤劳、善良、诚信、担当等优秀品质，子女自然会耳濡目染，潜移默化地内化这些价值理念。反之，如果父母自身缺乏责任心、道德感，甚至存在不良嗜好，子女也容易受到负面影响，形成错误的人生观和价值观。可见，家庭文化的塑造，必须从父母做起，以良好的家教家风为子女树立榜样。

代际价值观的传承，是家庭文化发挥德育功能的重要体现。每一个家庭都有自己独特的历史传统和文化底蕴，蕴含着宝贵的精神财富。将这些优秀的家风家训代代相传，能够在青年心中播下道德的种子，塑造其高尚的人格品质。例如，一些家庭历来重视诚信守诺，把“言必信、行必果”作为立身之本，子女耳濡目染，自然会形成诚实守信的品格。又如，一些家庭世代勤劳朴实，把辛勤劳动作为人生追求，子女在这样的环境中成长，必然会树立正确的劳动观和价值观。由此可见，优良家风的传承，是青年价值观形成的重要途径。

而要实现优秀家风家训的代际传递，仅靠言语说教是远远不够的。更为重要的，是在日常生活的点点滴滴中，通过潜移默化的影响，让子女感受和体验传统美德的可贵。例如，父母可以带领子女参与一些富有教育意义的家庭活动，如看望老人、慰问困难群众等，让他们在实践中感悟孝老爱亲、扶贫济困的道理。又如，父母可以选择一些蕴含优良家风的书籍、影视作品，与子女共同欣赏，在潜移默化中影响其价值取向。家风家训的传承，需要在方方面面渗透德育因子，用润物无声的方式影响年青一代。

良好的家风家教，能够为青年树立道德典范，引领其形成正确的价值观念。而家庭文化的塑造和传承，既需要父母以身作则，又需要在日常生活的方方面面渗透德育因子。只有家庭、学校、社会形成合力，高度重视青年德育，才能培养出品德高尚、全面发展的时代新人。

（二）家长的角色与责任

家长在青年德育中扮演着不可或缺的重要角色，肩负着引导和塑造青少年品德的重大责任。家庭是个人道德发展的起点，父母的言传身教对子女价值观的形成具有深远影响。因此，家长必须以身作则，在日常生活中树立良好的道德典范，用自己的模范行为影响和感化子女，帮助其形成正确的是非观念和道德判断力。

家长还应主动与子女沟通，建立平等、互信的亲子关系。通过耐心倾听、真诚交流，家长可以更好地了解子女的内心世界，洞察其思想动态和行为特点，有针对性地给予引导和帮助。在沟通过程中，家长要尊重子女的主体地位，给予其适度的自主空间，鼓励其独立思考、自主选择，而非简单地灌输或强加于人。唯有在平等、民主的氛围中，青少年才能真正接纳父母的教诲，内化为自身的道德品质。

家庭德育不是一蹴而就的，它需要家长在日常生活的点点滴滴中持之以恒地坚持。这就要求家长要有高度的责任心和耐心，要善于捕捉生活中的德育契机，创设有利于子女道德成长的家庭环境。例如，家长可以通过分享自己的成长经历，引导子女正确看待人生的苦与乐、成与败；又如，家长可以带领子女参与社区公益活动，培养其奉献精神和社会责任感。通过潜移默化的影响，家长可以帮助子女逐步形成积极向上的人生态度和价值追求。

需要强调的是，家庭德育绝非独立封闭的过程，它需要与学校德育、社会德育形成合力，共同推进青少年的全面发展。为此，家长应主动与学校沟通，了解子女在校表现，配合教师做好德育工作。同时，家长还要引导子女正确认识和对待社会环境的复杂多变，帮助其在纷繁复杂的社会生活中把握方向、坚守本心。

只有家长以身作则、言传身教，与子女平等交流、耐心引导，持之以恒、久久为功，并与学校、社会密切配合，才能真正帮助青少年树立正确的世界观、人生观、价值观，成长为德、智、体、美、劳全面发展的社会主义建设者和接班人。这既是每一位家长的神圣使命，也是家庭和谐、社会进步的必然要求。

（三）家庭教育策略与家庭环境布局

家庭教育策略与家庭环境布局是青年品格塑造的重要影响因素。家庭是个人社会化的第一所学校，父母是孩子的第一任老师。家庭教育在很大程度上决定了青年的价值观念、行为习惯和人格特质。因此，如何通过科学的家庭教育策略和良好的家庭环境布局，来引导和促进青年形成正确的世界观、人生观、价值观，培养其良好的道德品质和行为习惯，是每一位家长都应该深入思考和探索的重要课题。

家庭教育策略的核心是父母以身作则、言传身教。父母的一言一行都会对孩子产生潜移默化的影响。因此，家长首先要注重自身修养，以高尚的道德情操和文明的行为举止影响和感染孩子。同时，家长要重视与孩子的沟通交流，通过耐心细致的讲解和亲身示范，帮助孩子理解和内化社会公德、家庭美德、个人品德的深刻内涵。在日常生活中，家长还要教会孩子如何处理学习、生活、人际交往中遇到的实际问题，引导其形成正确的是非判断和价值取向。只有坚持身教重于言教、润物无声的家教方式，才能真正触及青年心灵，引导其形成高尚的道德品格。

良好的家庭环境布局是青年品格塑造的重要土壤。温馨和谐的家庭氛围，浓郁的书香气息，是培养青年高尚情操和健全人格的基础。因此，家长要注重营造民主平等、诚信友爱的家庭氛围，让孩子感受到家庭的温暖和关爱。同时，家长要重视精神文化的熏陶，适当购置有益身心的图书杂志，组织开展丰富多彩的家庭文化活动，让孩子在耳濡目染中感受中华优秀传统文化的深厚底蕴，汲取精神营养。此外，家长还要注意将社会主义核心价值观融入家庭生活，引导孩子树立正确的国家观、民族观、文化观，增强其家国情怀和社会责任感。良好的家庭环境犹如沃土，滋养着青年的心灵，影响着青年的言行，最终促进青年品格的健康发展。

家庭教育需要家长付出大量的时间和精力，需要家庭成员之间相互配合、密切配合。同时，家庭教育还应该与学校教育、社会教育紧密结合，形成合力，共同引导和促进青年的全面发展。只有家庭、学校、社会形成教育合力，齐抓共管、精诚协作，才能为青年的健康成长提供坚实保障，为国家和民族的未来培养出一代又一代高素质公民。

当前，我国正处于全面建设社会主义现代化国家的关键时期，年青一代的价值观念、道德品质、行为习惯，关系着国家的前途命运。在这一大背景下，高度重视和大力加强家庭教育，充分发挥家庭教育在青年成长中的独特作用，对于培养担当民族复兴大任的时代新人，具有十分重要的意义。我们要从国家发展、民族未来的战略高度，深刻认识加强家庭教育的极端重要性，自觉将其提到国家议事日程上来，采取有力措施，推动形成家庭教育发展的良好社会环境，不断开创家庭教育工作新局面。

三、学校德育

(一) 德育课程与师资建设

德育课程不仅传授基本的思想道德知识，更重要的是引导学生树立正确的价值观念，培养良好的品行习惯。科学合理的德育课程设置是实现这一目标的前提。课程内容应该贴近学生的生活实际，关注他们的成长需求，用浅显通俗的语言阐释道德规范，并通过真实感人的案例让理论知识内化为实践行动。德育课程不应过于生硬说教，而是要注重知行合一，以启发式的方法启迪学生的思考，引导他们主动探究道德价值，自觉遵循道德准则。

在课程实施过程中，师资队伍的作用不言而喻。一支高素质的德育师资队伍是落实课程的关键。德育教师不仅需要扎实的理论功底，更重要的是要具备高尚的人格品行，用自身的言行为学生树立良好的楷模。这样的教师才能赢得学生的尊重和信任，从而真正影响和感染学生，将道德教育的种子埋入学生心田。同时，德育教师也应当与时俱进，不断更新教学理念和教学方法，与学生保持良性互动，启发学生的思维活力，培养学生的独立人格。

除了德育专门课程，学校还应该在整个校园文化建设中渗透德育元素，形成德育教育的整体育人环境。比如，学校可以开展丰富多彩的社团活动，让学生在实践中锻炼品德；可以营造人文关怀的校园氛围，用爱心温暖学生的心灵；也可以通过仪式教育传承优秀文化，让学生从小熏陶感受到家国情怀。学校德育工作需要德育课程与师资队伍双管齐下，通过课内课外、理论实践的有机结合，全方位地提升学生的思想品德修养，为他们未来的发展奠定坚实的基础。

(二) 学校文化与精神塑造

学校文化是学校的灵魂，是学校办学理念、价值追求、行为规范的集中体现。它渗透于学校教育的方方面面，对学生的成长和发展产生着潜移默化的影响。在学生德育工作中，学校文化扮演着不可替代的重要角色。

一所学校的文化氛围，决定了学生的价值取向和行为习惯。积极向上、充满朝气的校园文化，能够激发学生的进取心和责任感，帮助其树立正确的世界观、人生观、价值观。相反地，如果学校文化沉闷、消极、功利，学生也易受到负面影响，缺乏理想和追求。因此，构建积极健康的校园文化，是学校德育工作的重中之重。

在塑造学校文化的过程中，学校的领导层和教师发挥着关键作用。校长作为学校的掌舵者，其办学理念和人格魅力直接影响着学校文化的走向。一位有远见、有理想、有担当的校长，能够带领全校上下形成共同的价值追求和奋斗目标。同样地，教师作为学生最直接的引路人，其言传身教对学生成长的影响不言而喻。教师高尚的道德情操、渊博的学识、亲和的态度，无不影响着学生日常的言行举止，内化为学生自身的品质。

除了校长和教师的影响，学校环境的营造也是学校文化建设的重要内容。校园环境不仅包括物质环境，如校园建筑、设施、布置等，也包括制度环境和心理环境。优美、整洁、富有教育意义的校园景观，规范、人性化的校规校纪，互助友爱、积极向上的同学关系，都是良好学校文化的外在表现。学校应致力于为学生提供一个温馨、和谐、充满正能量的成长环境，让每一个学生都能感受到来自学校大家庭的关爱与温暖。

丰富多彩的校园文化活动，是学校文化建设的生动实践。学校可以通过开展形式多样的社团活动、社会实践等，为学生提供展示自我、锻炼自我的平台。在活动中，学生不仅能够感悟集体的力量，体验合作与奉献的快乐，更能领略中华优秀传统文化的精髓，汲取成长的智慧和力量。这些活动不仅丰富了学生的校园生活，也潜移默化地影响着学生的价值追求和精神风貌。

（三）学生自治组织与德育实践

学生自治组织作为高校德育的重要载体和平台，在培养大学生社会责任感和领导力方面发挥着不可替代的作用。通过参与学生自治组织的活动和管理，大学生能够在实践中提升组织协调能力、决策判断能力和人际沟通能力，增强责任意识和担当精神，为日后成长为社会栋梁打下坚实基础。

从能力培养的角度看，学生自治组织为大学生提供了锻炼领导力和管理能力的广阔舞台。在自治组织中，学生需要承担组织策划、人员协调、资源调配等一系列管理职责，这对其领导力的提升大有裨益。同时，自治组织通常采取民主决策的模式，学生需要在此过程中权衡利弊、形成共识，这有助于提高其决策判断能力。此外，自治组织还是一个沟通交流的平台，学生在与他人合作的过程中，能够学会换位思考，增强人际交往能力。

从责任意识的角度看，学生自治组织为大学生树立责任担当意识创造了条件。作为自治组织的一员，学生需要为成员的权益代言，为组织的发展尽责，这种责无旁贷的使命感能够引导其形成强烈的责任意识。同时，学生在组织活动的过程中，往往需要为集体利益做出牺牲和奉献，这更是对其责任担当精神的考验和锻炼。在服务同学、奉献社会的实践中，学生能够切身体会到个人与集体、个人与社会的紧密联系，增强社会责任感。

从德育实践的角度看，学生自治组织是开展德育工作的重要平台。自治组织开展的许多活动，如志愿服务、社会实践、公益劳动等，都蕴含着丰富的德育元素。学生在参与这些活动的过程中，能够在实践中内化道德认知、锤炼道德品质，真正将“知”与“行”有机统一。同时，自治组织本身就是一个小型的社会缩影，学生在其中学习民主管理、自我服务，能够亲身感悟民主法治精神，培育公民意识。这些宝贵的德育实践，都为学生的全面发展提供了肥沃土壤。

四、社会德育

（一）社区与社会组织的德育作用

在社区环境中，青年能够直接感受到道德规范在现实生活中的体现，学习如何处理各种复杂的人际关系和社会问题。通过参与社区服务、志愿活动等，青年能够将课堂上学到的道德知识付诸实践，在帮助他人、奉献社会的过程中升华自我的精神境界。

不同类型的社会组织为青年德育提供了多样化的途径。青年社团、兴趣小组等能够满足青年个性化、多元化的道德发展需求，在同伴交往、团队协作中塑造良好的品德。而专业性、公益性的社会组织则能够引导青年关注社会问题，培养其社会责任感和奉献精神。青年在参与环保、扶贫、支教等活动中，能够深刻认识到个人与社会、他人的联系，树立正确的世界观和价值观。

社区和社会组织开展青年德育，还能够弥补学校德育的不足，实现全方位、立体化的道德教化。学校德育往往侧重理论的学习和思想的引导，而社会实践活动则强调知行合一，将道德内化为行为习惯。同时，社区和社会组织的德育形式更加灵活多样，能够激发青年的兴趣和热情，使其在潜移默化中接受道德熏陶。

当然，社区和社会组织在青年德育中也面临着一些挑战。一些组织自身的道德水平参差不齐，难以为青年树立良好的榜样；部分组织过于强调个人利益，缺乏社会责任感，甚至出现违法违规行为。这就需要加强对社区和社会组织的管理和引导，建立健全相关法律法规，营造风清气正的社会环境。

此外，还应加强社区、社会组织与学校、家庭的联动，形成德育合力。学校可以与社区、社会组织开展多种形式的合作，如联合开展教育活动、组织学生参与社会实践等。家长也应支持并参与子女的社区活动，在家庭生活中践行社会公德。只有构建起学校、家庭、社会多方参与的德育网络，才能为青年的道德成长提供坚实保障。

青年是祖国的未来、民族的希望。社区和社会组织作为青年德育的重要阵地，肩负着培养社会主义合格建设者和可靠接班人的重任。深入推进社区和社会组织德育，创新德育内容和形式，对于提升青年道德素质、促进青年全面发展具有重要意义。这不仅关乎青年个人的健康成长，更关乎国家和民族的未来。在新时代背景下，全社会应进一步重视和支持社区、社会组织德育，为青年的茁壮成长提供良好的土壤和环境。

（二）媒体影响与德育传播

在信息时代，媒体已经成为社会生活中不可或缺的重要组成部分。它不仅是信息传播和交流的主要载体，更在潜移默化中影响着人们的思想观念、价值取向和行为方式。因此，充分发挥媒体在社会德育中的积极作用，创新媒体德育传播策略，对于营造良好的社会道德环境，提升公民道德素养具有重要意义。

从宏观层面来看，媒体在塑造社会道德环境方面具有独特优势。一方面，媒体具有广泛的覆盖面和强大的渗透力。通过报纸、广播、电视、互联网等多种渠道，媒体能够将道德理念和规范传递到社会的每个角落，使之成为全民共识。另一方面，媒体具有引导社会舆论的能力。通过设置议程、选择性报道等方式，媒体能够引导公众关注道德热点问题，形成积极向上的社会道德风尚。例如，近年来媒体大量报道各行各业的道德模范事迹，宣扬真善美，传播正能量，在全社会营造了崇德向善的浓厚氛围。

从微观层面来看，媒体在个体德育方面也大有可为。一方面，媒体可以通过生动形象的案例报道，将抽象的道德原则具体化、形象化，增强其感染力和说服力。经典的公益广告如“您为我让座，我为您鼓掌”等，通过直观的场景再现和情感冲击，使观众在潜移默化中接受道德熏陶。另一方面，媒体可以利用互动性强的新媒体平台，搭建德育共同体。通过网络问答、在线讨论、弹幕评论等方式，媒体能够引导受众参与道德话题讨论，加深对道德规范的理解和内化。

然而，当前媒体德育传播也存在一些值得反思的问题。首先，部分媒体存在急功近利、内容低俗化倾向。一味追求点击率和收视率，缺乏社会责任感，传播着错误的价值观。其次，媒体德育内容形式单一，缺乏创新。枯燥说教的德育宣传难以吸引受众，尤其是青少年群体。此外，媒体德育缺乏系统性和连续性，容易流于表面和形式主义。

针对这些问题，创新媒体德育传播策略势在必行。首先，媒体工作者要强化社会责任意识，坚持正确的舆论导向。与其过度关注流量指标，不如多产出有深度、有温度的德育内容。其次，要丰富德育内容呈现形式。可以运用微电影、动漫、游戏、综艺等青少年喜闻乐见的形式，将道德教育寓于娱乐之中。还可探索沉浸式、体验式德育传播模式，增强德育实效性。此外，要加强媒体间德育资源共建共享，形成线上线下联动、内宣外引并举的全媒体德育矩阵。

第三章　高等教育与青年德育协同发展的保障机制

第一节　物质设施保障

一、经费保障

（一）经费保障重要性

在新时代背景下，随着立德树人根本任务的持续深入，各高校面临着开展丰富多彩德育活动的现实需求，因此合理分配并保证资金的稳定供给对于德育事业的高效推进至关重要。

从根本上讲，经费投入对德育工作的影响体现在以下几个关键方面。

首先，充足的经费可以为德育活动提供坚实的物质基础。良好的场馆设施、先进的教学设备、实用的教学用具等硬件条件的建设都需要投入大量资金。同时，开展校园文化活动、主题讲座、专题培训等软实力建设也需要相应的财力支持。只有保证物质条件的支撑，德育工作才能在制度和环境上打下扎实根基。

其次，科学合理的经费使用与管理有助于提高德育工作的针对性与实效性。教育决策者和管理者应明确各项支出的投入方向，使有限的经费能够精准聚焦到德育工作的重点领域和环节。建立科学的监管机制，杜绝资金流失，确保经费用于育人实践各个环节，从而最大限度发挥其在德育工作中的作用和价值。

再次，经费支持的增长还可以为新兴德育方式注入新的活力。新媒体时代对传统德育内容和形式带来了巨大冲击，亟须创新发展思路和手段以适应时代潮流。开拓线上线下融合的德育新模式，探索基于互联网思维的德育革新之路，都需要有相应的资金支持。在经费充裕的情况下，高校才能在这一领域大胆尝试与创新，不断推进德育理念与方法的与时俱进。

最后，合理的经费分配和充足的保障能够为广大德育工作者营造良好的工作环境。优秀的德育人才是开展高质量德育工作的根本保证。但长期以来，德育队伍待遇偏低、地位较低等问题一直存在。通过提高经费投入比例，改善德育工作者的薪酬水平和福利待遇，从而确保团队的稳定性，这对于吸引、留住、激励优秀人才具有重要作用。

（二）经费来源与管理

高等教育事业的持续发展离不开稳定充足的资金投入，而青年德育工作作为高校人才培养体系的重要组成部分，更需要多方资源的协同保障。从宏观层面看，政府资助是高等教育和青年德育经费的重要来源。国家财政性教育经费支出与 GDP 比例的不断提高，为高校开展德育工作提供了坚实的物质基础。同时，政府还通过设立专项资金、实施重点项目等方式，对高校德育工作给予针对性支持。这些举措不仅缓解了高校经费压力，也体现了国家对青年德育工作的高度重视。

在中观层面，学校预算是保障青年德育活动有序开展的关键所在。一方面，高校要在总体预算中合理安排德育经费，并纳入学校事业发展规划，形成稳定的资金投入机制。另一方面，高校还应积极争取上级主管部门和地方政府的支持，通过申报项目、承接任务等方式获取额外资源。此外，高校还可以通过校企合作、社会捐赠等渠道拓宽德育经费来源，构建多元化的资金保障体系。只有学校层面形成制度化、规范化的经费管理机制，才能为青年德育工作提供长效、稳定的财力支撑。

从微观层面看，社会捐赠在支持高校青年德育方面也发挥着独特作用。一些热心教育事业的企业、社会组织和个人，通过设立奖学金、助学金、勤工助学岗位等方式，为家庭经济困难学生提供资助，帮助他们顺利完成学业。这些社会捐赠不仅缓解了学生的经济压力，更重要的是传递了正能量，弘扬了社会主义核心价值观。高校要高度重视并积极争取社会捐赠，将其作为德育经费的重要补充，不断拓宽筹资渠道。同时，高校还应加强与捐赠方的沟通，及时反馈资金使用情况，提高资金使用效益，树立良好的社会形象。

政府资助、学校预算、社会捐赠三者相互补充、协同作用，共同构成了高等教育与青年德育协同发展的经费保障体系。在这一体系中，政府发挥着主导作用，通过制定政策、设立专项，为高校德育工作提供制度保障和资金支持。学校则是经费使用的主体，通过科学预算、规范管理，为德育活动提供必要的物质条件。而社会捐赠则是重要补充，不仅弥补了经费缺口，更传递了社会正能量。只有三方形成合力，建立健全德育经费投入机制，加强资金监管和绩效评价，提高资金使用效益，才能为新时代高校德育事业的蓬勃发展提供坚实保障，为立德树人根本任务的落实提供强有力的物质支撑。

（三）经费使用与监管

作为高等教育与青年德育协同发展的基础保障，经费使用与监管制度显得尤为重要。合理有效的经费管理机制，能够确保资金投入的精准性和针对性，最大限度发挥资金的效用，为育人事业的高质量发展夯实物质基础。

1. 科学的经费

首先，经费使用应坚持专项性原则，将有限资金集中投入于德育相关的重点领域和关键环节，避免资金分散或挪用造成资源浪费。其次，应遵循项目化管理原则，对各类德育活动项目进行统一的立项审批和预算编制，从而提高资金使用的规范性和透明度。再次，经费使用还须体现公平性，在不同院系和学生群体之间合理分配资源，维护资源配置的公正性。最后，经费使用应注重绩效导向，将资金投入与德育实际效果紧密挂钩，切实提高资金的使用效率。

2. 有效的监管机制

一方面，完善的监督体系对确保经费使用的合法合规性至关重要。高校应建立健全内部审计制度，设立独立的审计监察部门，及时发现和纠正违规违纪行为。同时，还应充分吸纳社会监督力量，接受外部审计机构和民间团体的监督，确保经费使用的公开透明。另一方面，制定严格的问责制度也不可或缺。相关部门和责任人在经费使用和管理过程中，如存在滥用职权、徇私舞弊等违法违纪行为，必须依法依规受到严惩，从而有效震慑和杜绝不当行为的发生。

二、场地保障

（一）场地配置原则

在高等教育与青年德育协同发展中，适宜的场地布局与环境设计对于营造良好的德育氛围、激发学生的内生动力，具有重要意义。

场地布局的合理性需要遵循一定的基本原则。第一，应充分考虑学生的身心特点，为其提供安全、舒适的活动空间。场地布置应采用柔和的色调、具有亲和力的设计元素，避免过于简单单一或者刺眼夸张的风格，以免给学生带来不适感。同时，还需要注重场地的通风采光，保证充足的新鲜空气和日照，有利于身心健康。第二，场地的空间分区需要科学合理，功能布局应当人性化。德育涵盖思想引领、心理疏导、艺术熏陶等多个方面内容，每种内容都需要与之相适应的独立空间，以营造专一的氛围，避免交叉互扰。第三，场地环境应该具有一定的精神寓意，蕴含正能量的文化内涵。布局时可以借鉴中国传统园林哲学，通过诗词楹联、景观小品等元素，将励志向上、修身齐家的理念巧妙融入其中。

除了场地布局，环境设计也需要专门考量。首先，要重视场地装潢的陈列与美化。家具陈设、绿植布置等均应遵循舒适、简洁、大方的原则，避免过于烦琐杂乱。柔美流畅的线条、温馨亲切的色彩，能让学生在身心上得到放松。其次，环境设计应贯彻以人为中心的理念，注重可体验性与互动性。设置一些具有探索性、实操性的空间，供学生亲身动手，通过主动实践增进自我认知。再次，应当通过各种方式渗透先进理念与文化内涵，如在场地内张贴励志标语、名人语录、优秀学子风采等，给学生以正面引导。最后，环境设计还需要考虑场地的开放共享，为校园以外的社会力量留出可介入的余地，吸收更多正能量的加入。

合理的场地布局与环境设计，能有效凝聚学校的德育理念，营造健康积极的氛围，激励学生主动追求更高层次的自我完善。场地与环境的硬件条件为高等教育与青年德育协同发展奠定了坚实基础，需要各高校予以高度重视。

（二）场地资源优化利用

场地资源的优化配置是提高高校德育实践活动效率的关键。高校应立足自身实际情况，遵循德育工作规律，科学规划、合理利用各类场地，为德育活动的顺利开展提供基础保障。这不仅需要高校领导的重视和支持，更需要相关部门的通力合作和精心设计。

在场地规划过程中，高校应充分考虑德育活动的多样性和互动性特点，根据不同主题、不同形式的活动需求，配置相应的场地类型。传统的德育活动如主题班会、专题讲座等，需要布置功能完善的教室和报告厅；而社会实践、志愿服务等实践类活动，则需要提供校外实践基地和服务场所。对于体育竞赛、文化展演等大型活动，还需要规划设计专门的体育场馆、艺术中心等。只有根据活动形式的差异化需求进行针对性设计，才能让有限的场地资源发挥最大效用。

在场地使用过程中，高校还应注重提高利用效率，避免资源浪费。一方面，高校可以建立场地使用的预约和审批机制，引导各部门、各单位合理安排活动时间，错峰使用场地，提高利用率。另一方面，高校还可以探索场地的多功能开发和共享共用。例如，可以在教室中增设移动隔断，灵活调整空间布局，满足不同规模活动的需要；又如，鼓励校内不同单位联合举办德育活动，实现场地的共建共享，节约使用成本。

此外，高校还应重视场地使用的人性化设计和智慧化升级。在硬件设施配置方面，要充分考虑师生的实际需求，提供完善的照明、通风、音响等设备设施，营造舒适幽雅的活动环境。在软件服务方面，高校可以利用信息化手段，建立场地管理系统，实现预约、使用、评价的一站式服务，提高管理效率和使用体验。同时，还可以利用大数据技术，对场地使用情况进行统计分析，为优化调整提供决策参考。

只有立足育人需求，创新规划理念，优化资源配置，才能为德育活动提供优质的空间载体，为青年学生的成长成才创造良好环境。这不仅关乎高校德育的质量和水平，更关系到立德树人根本任务的落实。新时代赋予高校德育工作新的使命和要求，科学规划场地资源，提高利用效率，既是顺应时代趋势的必然选择，更是高校不断探索和创新的题中应有之义。

（三）场地保障创新措施

在高等教育与青年德育协同发展的过程中，物质设施保障是不可或缺的基础性条件。其中，场地保障作为物质设施保障的重要组成部分，在新时代背景下更需要与时俱进，不断创新。传统的场地保障模式往往局限于实体空间的提供和管理，难以满足当代大学生日益多元化、个性化的德育需求。因此，深入探索现代技术在场地保障中的创新应用，已经成为推动高校德育事业发展的必然要求。

信息技术的迅猛发展为场地保障的创新提供了广阔空间。借助大数据、人工智能、虚拟现实等前沿技术，高校可以打造智慧化的德育场地，实现场地资源的优化配置和个性化服务。例如，通过大数据分析，高校可以精准把握学生的德育需求，动态调整场地功能布局，提高场地利用效率；通过人工智能技术，高校可以为学生提供智能化的德育指导和互动体验，拓展德育活动的时空边界；通过虚拟现实技术，高校可以创设沉浸式的德育情境，增强德育活动的吸引力和感染力。这些创新举措不仅能够盘活场地资源，满足学生多样化的德育需求，更能够激发学生参与德育活动的主动性和积极性，提升德育工作的针对性和实效性。

场地保障的创新还体现在线上线下相融合、校内校外相衔接的全域化发展趋势。随着互联网技术的普及，德育活动已经突破了传统校园的物理边界，拓展到更广阔的网络空间。高校应顺应这一趋势，积极探索线上线下相融合的德育新模式。一方面，要优化线下实体场地的布局和功能，为师生营造良好的德育环境；另一方面，要拓展线上虚拟场地的建设与应用，为师生提供便捷、高效、个性化的德育服务。同时，高校还应加强与社会各界的合作，整合校内外德育资源，构建开放、协同、共享的大德育格局。通过校企合作、社区共建等方式，高校可以拓展德育实践基地，为学生提供更加丰富多元的德育体验，培养其家国情怀和社会责任感。

三、平台保障

（一）信息化教育平台构建

在互联网时代背景下，传统的德育模式已经难以满足当代青年成长成才的需求。因此，深化信息技术与德育教学的融合，创新育人理念和方法，已经成为高校思想政治教育工作者的共识和努力方向。

作为信息化教育平台的重要组成部分，数字化资源在青年德育中发挥着不可替代的作用。丰富多彩的数字化资源，如在线课程、虚拟仿真、互动游戏等，能够为青年学生提供生动直观的德育体验，激发其学习兴趣和参与热情。与传统的说教式德育相比，数字化资源更加贴近青年的认知特点和接受习惯，有助于提升德育教育的针对性和实效性。同时，数字化资源还能突破时空限制，实现优质德育内容的广泛共享，促进教育资源的均衡配置。

然而，信息化教育平台的构建也面临着诸多挑战。首先，数字化资源的质量参差不齐，缺乏统一的标准和规范。一些资源内容肤浅、形式单一，难以达到预期的育人效果。其次，信息化教育平台的建设需要大量的人力、物力和财力投入，这对高校来说是一个不小的负担。最后，网络环境下青年思想行为的多元化、复杂化特点，对德育工作提出了更高要求。如何有效引导青年学生树立正确的价值观念、提高媒介素养，成为摆在教育工作者面前的新课题。

面对这些挑战，高校应该采取积极措施，推动信息化教育平台建设与青年德育工作的深度融合。一方面，要加强顶层设计，制定科学规划，明确平台建设的目标、路径和保障机制。要建立健全数字化资源的审核、评价和反馈机制，不断提升资源质量和适用性。另一方面，要加强队伍建设，提高德育工作者的信息化素养和教学能力。鼓励教师积极参与数字化资源的开发和应用，探索融合创新的德育模式。此外，还要注重发挥青年学生的主体作用，培养其主动学习、自主思考的意识和能力。

（二）校企合作平台强化

校企合作是高等教育与青年德育协同发展的重要平台，在培养高素质应用型人才方面发挥着不可替代的作用。一方面，校企合作为德育工作提供了丰富的资源支持。企业拥有先进的生产设备、管理经验和实践案例，这些都是开展德育教育的宝贵素材。通过与企业的深度合作，高校可以将企业文化、职业精神等融入德育教学，增强德育内容的针对性和实效性。同时，企业还可以为高校提供实习实训岗位，让学生在真实的职场环境中接受道德洗礼，锤炼意志品质。这种沉浸式的体验远比课堂讲授更加生动、立体，能够引导学生将德育知识内化为自觉行动。

另一方面，校企合作也为德育实践提供了广阔的平台。德育绝非单纯的说教，更需要在实践中养成习惯、坚定信念。而校企合作恰恰为学生搭建了践行德育的舞台。例如，高校可以与企业联合开展志愿服务、社会实践等活动，组织学生深入社区、工厂，在服务他人、奉献社会的过程中提升道德境界、强化社会责任感。又如，高校可以引导学生参与企业的科技攻关、成果转化等项目，在创新创业实践中培养吃苦耐劳、敢于担当的品格。这些实践锻炼不仅能够检验德育教育的成效，更能生成德育的生动案例，形成良性循环。

此外，校企合作还有助于构建“三全育人”的大德育格局。当前，高校德育工作仍存在“孤岛”现象，主要依靠思政课和少数德育骨干，缺乏全员、全过程、全方位育人的整体合力。而校企合作为打破这一局面提供了契机。通过与企业的通力协作，高校可以充分发挥第二课堂、实习单位、就业市场等的德育功能，将德育教育融入人才培养全过程。企业也可以利用自身的资源优势，积极参与高校德育体系建设，形成全员参与、多方联动的育人合力。这不仅能够拓宽德育工作的广度和深度，更能推动形成全社会共同关心、支持德育工作的良好氛围。

企业毕竟不同于学校，其价值取向、行为方式可能与德育要求存在一定距离。

对此，高校必须加强对校企合作的统筹管理，既要发挥企业的资源优势，又要坚持社会主义办学方向，防止德育工作“异化”“形式化”。只有在正确的理念引领下，校企合作才能真正成为德育和人才培养的“助推器”，而不是“绊脚石”。

加强校企合作不仅能够为德育提供资源支持和实践平台，促进德、智、体、美、劳全面发展，还能凝聚全社会力量，形成全员全过程全方位育人格局。面对新的机遇和挑战，高校应审时度势，创新机制，推动校企合作向纵深发展，不断开创德育工作新局面。唯有如此，才能不负时代重托，培养担当民族复兴大任的时代新人。

（三）线上线下平台融合

当前时代，信息技术的飞速发展正在重塑教育教学的面貌。线上教育资源和平台应运而生，为线下传统教学注入新的活力。如何实现线上线下的有机融合，成为推进教育现代化、提高教学质量的关键所在。在德育领域，线上线下融合教学模式同样大有可为。

线上教育平台能够为德育提供丰富多彩的资源。通过视频、动画、游戏等形式，生动有趣地向学生传递正确的价值观念和行为准则。学生不仅可以接受系统的德育教育，还能主动探索和实践。线上互动交流更有利于启发学生的思考，培养其批判性思维和创新精神。线下实践活动则为学生提供了现实操练的机会。通过参与志愿服务、社会实践等，学生能身体力行，将所学知识内化为行为习惯。在师生面对面的交流中，教师更易对学生进行个性化的引导和辅导。

有效整合线上线下两种资源，能够最大限度地发挥德育的作用。学生在线上平台获得理论知识的同时，也在线下活动中让其亲身感受和体会。理论联系实际，学以致用，从而真正做到知行合一。此外，这种混合式教学模式更加贴近当代青年学生的生活方式。他们可以根据自身的节奏安排学习，同时享受集体活动带来的乐趣。这种灵活便捷必将提高学生的学习兴趣，增强德育的针对性和实效性。

线上线下融合教学不是简单的形式堆砌，而需要精心设计环环相扣的教学活动。教师必须根据教学目标和学生实际情况，合理规划线上和线下环节，保证两者相辅相成、环环相扣。例如，可以先在线上播放一段关于诚信的视频素材，激发学生的思考，再在线下组织讨论活动，引导学生分享自己的想法，并最终将所学内化为为人处世的行为准则。在教学过程中，教师还应重视对学生的监督和指导，确保线上线下活动达成预期目标。

第二节　组织保障

一、高等教育与青年德育协同发展的组织机构设置

高等教育与青年德育协同发展的组织机构应肩负统筹规划、协调指导、资源整合、督导评估等重要职责。一方面，组织机构要着眼全局，围绕立德树人根本任务，制订符合高等教育和青年德育发展规律、彰显时代特征的工作方案和政策措施。另一方面，组织机构要充分发挥桥梁纽带作用，加强校内外各部门的沟通协调，整合各方面资源，形成齐抓共管、协同推进的良好局面。同时，组织机构还要加强过程管理和绩效考核，建立科学的督导评估机制，及时发现并解决工作中存在的问题，确保各项任务落到实处、取得实效。

从构建路径来看，高等教育与青年德育协同发展的组织机构应坚持问题导向、改革创新，完善顶层设计，优化内部结构。首先，要立足学校实际，根据办学定位、发展目标、学科特色等，科学设置组织机构，明确部门分工，厘清职责边界。其次，要树立系统思维，打破条块分割，推动党委领导、党政协同、部门联动、师生参与的大德育工作格局。最后，要坚持改革创新，探索建立跨部门、跨领域的协同工作机制，实现组织机构的扁平化、网络化、矩阵式管理，提高组织效能和管理效率。

组织机构的科学构建是一项系统工程，需要在实践探索中不断完善。高等学校要高度重视组织机构建设，加强领导、统筹谋划，完善制度、健全机制，强化保障、狠抓落实。要坚持问题导向，积极回应师生关切，破解深层次矛盾。要发挥基层党组织战斗堡垒作用，加强党员队伍建设，把党的政治优势、组织优势转化为推动工作的强大动力。要注重总结提炼，推广典型经验，营造比学赶超的浓厚氛围。只有不断加强和改进组织机构建设，才能为高等教育与青年德育协同发展提供坚实保障，为培养德、智、体、美、劳全面发展的社会主义建设者和接班人做出应有贡献。

高等教育与青年德育协同发展，是新时代赋予高校的重大使命和责任。组织机构作为推动协同发展的中坚力量，必须准确把握职能定位、创新体制机制、优化内部结构、提升工作成效，为实现高等教育内涵式发展、全面提高人才培养质量提供有力支撑。这既是顺应教育发展大势的客观要求，也是坚持立德树

人、践行为党育人为国育才初心使命的内在要求。高校要以组织机构建设为抓手，汇聚育人合力，厚植育人沃土，奏响新时代高等教育与青年德育协同发展的时代强音。

二、高等教育与青年德育协同发展的组织管理制度

（一）制定协同发展制度

制定适应协同发展的管理制度是推进高等教育与青年德育深度融合、实现协同育人的关键举措。科学合理的管理制度能够为德育工作提供制度保障，规范德育实践，提升德育实效。在制度设计过程中，应充分考虑高等教育与青年德育的特点，体现育人导向，突出德育重点，强化协同机制。

从育人导向来看，管理制度应坚持以学生为中心，围绕学生全面发展这一根本目标来制定。制度内容应涵盖德、智、体、美、劳各个方面，促进学生在知识学习、能力培养、品德塑造等多维度实现均衡发展。同时，管理制度还应重视发挥教师的主导作用，明确教师在德育工作中的职责与要求，激励教师积极参与、深度融入德育实践。

从德育重点来看，管理制度应聚焦社会主义核心价值观培育这一主线，将其贯穿于制度设计的各个环节。制度要求应体现爱国主义教育、集体主义教育、社会主义教育的内容，引导学生树立正确的世界观、人生观、价值观。此外，管理制度还应加强对学生日常行为的规范和引导，通过严格的行为准则和评价标准，促进学生养成良好的道德品质和行为习惯。

从协同机制来看，管理制度应注重发挥高等教育与青年德育各主体的协同效应。制度设计应统筹兼顾学校、家庭、社会等各个方面力量，构建全员育人、全过程育人、全方位育人的工作格局。管理制度还应明确各主体在德育工作中的分工与协作，建立健全沟通交流、资源共享、联动配合的运行机制，形成德育合力。

管理制度的有效实施离不开严格的制度执行和监督评估。在制度执行过程中，应加强宣传引导，强化制度意识，确保制度要求落到实处。同时，还应建立健全监督评估机制，通过定期检查、随机抽查等方式，及时发现并纠正制度执行中的偏差和问题。评估结果应作为优化管理制度的重要依据，推动制度的持续改进和创新发展。

科学完善的管理制度能够为协同发展提供坚实的制度基础，规范德育行为，凝聚育人合力，确保德育工作沿着正确方向持续深入推进。在实践探索中，还应立足发展需要，把握时代脉搏，不断创新制度内容，优化制度机制，使管理制度在高等教育与青年德育协同中发挥更加积极的作用，为培养德、智、体、美、劳全面发展的社会主义建设者和接班人提供有力保障。

(二) 执行与监督

管理制度的执行与监督是确保高等教育与青年德育协同发展目标实现的关键环节。制度的生命力在于执行，只有确保管理制度得到有效执行，并对执行过程进行必要的监督评估，才能真正发挥制度的指导和规范作用，推动高等教育与青年德育的协同发展。

管理制度执行的有效性取决于多方面因素。首先，制度本身必须具有科学性、针对性和可操作性。制度制定过程中要广泛听取一线教师和管理者的意见，确保制度内容符合教育教学实际，具有较强的指导性和针对性。其次，要加强制度执行的组织领导和条件保障。学校各级管理部门要高度重视，将制度执行纳入重要议事日程，明确责任分工，建立健全工作机制。同时要加大人力、物力、财力等方面的投入，为制度执行提供必要的条件支持。最后，要注重制度执行的宣传教育和督促检查。通过多种形式加强制度宣传解读，提高师生的制度意识和执行自觉性。定期开展督导检查，及时发现和解决制度执行中存在的问题，形成常态化的制度执行机制。

管理制度执行的监督评估是提升制度执行力的有力抓手。监督评估工作要做到全面系统、客观公正。一方面，要建立健全监督评估机制，明确评估的内容、标准、程序和方法，确保评估工作的规范性和科学性。另一方面，要充分发挥师生的主体作用，通过问卷调查、访谈座谈等方式广泛听取意见建议，提高监督评估的针对性和实效性。监督评估结果要及时反馈，作为改进工作的重要依据。对执行到位、成效突出的，要大力表扬和推广；对执行不力、效果不佳的，要深入分析原因，提出改进措施。

管理制度的生命在于执行，而执行的有效性和权威性在于监督。只有将二者紧密结合、协调推进，才能真正发挥管理制度的指导和规范作用，实现制度的刚性约束。在高等教育与青年德育协同发展的进程中，要高度重视管理制度的执行与监督，强化制度意识，完善工作机制，形成规范有序、执行有力的制度体系，为协同发展目标的实现提供坚实制度保障。同时，要注重在制度执行过程中积累经验、总结教训，及时修订完善，不断提高制度的科学性和有效性。唯有如此，高等教育与青年德育的协同发展之路才能行稳致远，为立德树人、培养社会主义建设者和接班人做出新的更大贡献。

（三）动态调整与更新

随着高等教育事业的快速发展，管理制度的动态调整与更新已成为提升青年德育工作质量和效率的关键举措。一方面，社会环境、教育理念、学生特点等因素都在不断变化，固有的管理制度难以适应新形势下青年德育工作的需要。另一方面，实践经验的积累和理论认识的深化，也为管理制度的创新完善提供了重要启示。只有立足实际，与时俱进地推进管理制度改革，才能为高等教育与青年德育协同发展提供坚实的制度保障。

高校德育管理制度的动态调整应坚持问题导向，针对德育工作中存在的突出矛盾和薄弱环节，有的放矢地制定改革措施。比如，面对当前大学生价值观多元化、个性化的特点，可以在管理制度中更加强调以学生为本，尊重学生的主体地位，鼓励学生积极参与德育实践活动的设计与组织。又如，针对德育与专业教育脱节、“两张皮”的问题，可以在制度层面推动德育与专业教育的深度融合，将德育目标、内容有机融入人才培养全过程。

管理制度创新还应体现系统思维，注重制度的科学性、针对性和可操作性。一是要加强顶层设计，从育人理念、目标定位、实施路径等方面进行通盘考虑，形成上下贯通、相互配套的制度体系。二是要突出重点，聚焦主要矛盾和关键问题，制定务实管用的改革举措，切忌眉毛胡子一把抓，制度改革缺乏针对性。三是要强化可操作性，提高制度的指导性和约束力，明确各部门、各岗位的职责分工，细化工作流程和考核标准，确保改革举措落到实处、见到实效。

高校要建立健全督导检查和绩效评估机制，加大对德育管理制度执行情况的监督考核力度。对于落实不力、流于形式的，要及时予以通报批评，限期整改；对于成效显著、积极作为的，要大力宣传表彰，总结推广好的经验做法。通过严格的制度执行和科学的绩效评估，树立制度权威，提升管理效能，促进德育工作不断走向科学化、规范化、精细化。

三、高等教育与青年德育协同发展的组织文化建设

（一）组织文化与德育目标的契合

组织文化源于组织成员共同认知和价值观，反映了组织的精神追求和行为

导向。一所高校形成的组织文化应该与其德育价值理念相一致，成为德育工作顺利开展的强大推动力。

组织文化应该体现校园人文精神和德育价值追求。高等学校是传播先进文化、培育社会新人的重要阵地，其组织文化理应彰显人文关怀、道德价值的理念。组织成员应该以校训、校徽、校歌等文化元素为载体，将崇尚真理、追求卓越、热爱祖国等价值观内化于心，并用行动诠释。优秀的校园文化会潜移默化地影响师生的价值取向和精神追求，为德育目标的实现奠定基础。

组织文化应该与青年德育理念高度契合，促进德育工作的有效实施。德育工作的目标在于培养学生良好品格、正确价值观和健全人格，这需要学校通过环境熏陶、制度约束、师德力量等多个方面的影响。组织文化应该将这些德育目标与途径有机融合，形成有利于学生身心健康成长的文化氛围。比如，在建筑布局、公共设施、文体活动等方面体现德育理念，营造良好的育人环境；在制度建设中贯彻公平正义的价值观，为学生树立价值导向；教师以高尚的师德为表率，用真挚的爱心激励学生向善向上。只有组织文化与德育理念高度一致，德育工作才能取得事半功倍的效果。

（二）组织文化的传承与创新

高校组织文化具有独特的精神内涵和价值取向，它不仅反映了学校的办学理念和育人追求，更蕴含着丰富的德育资源。一方面，优秀的组织文化能够凝聚人心，激发师生的认同感和归属感，增强学校的向心力和凝聚力。当师生将个人发展与学校命运紧密联系在一起，将学校的价值观内化为自身的行为准则时，就能形成强大的精神动力，推动学校各项事业的发展。另一方面，组织文化还是进行青年德育的重要载体。高校可以通过校训、校风、校史等文化符号，将社会主义核心价值观、爱国主义精神、集体主义观念等融入校园文化之中，潜移默化地影响青年学生的价值取向和道德品质。

然而，高校组织文化建设也面临着传承与创新的双重考验。在信息化、全球化的时代背景下，传统的文化传承方式已难以适应青年学生的接受习惯和认知特点。同时，社会变革也对高校组织文化提出了更高的要求，如何在继承优良传统的基础上，不断注入新的时代内涵，成为摆在教育工作者面前的重要课题。对此，高校应积极探索组织文化传承与创新的有效路径。首先，要加强顶层设计，将组织文化建设纳入学校整体发展规划，提供必要的政策支持和资源保障。其次，要发挥校园媒体、社团活动、实践教学等平台的作用，创新文化传播方式，增强文化传播的互动性和参与性。再次，要重视典型示范，挖掘和宣传先进人物事迹，用身边的榜样教育引导青年学生。最后，要建立健全组织文化建设的评价机制，定期开展师生满意度调查，及时发现问题，持续改进提升。

此外，高校还应注重挖掘和利用地方、行业文化资源，促进校地、校企文化的交流互鉴。一方面，地方文化蕴含着丰富的历史底蕴和人文精神，是开展青年学生爱国主义教育、增强文化自信的宝贵资源。高校可以与当地博物馆、文化馆等机构合作，引导学生了解家乡历史，传承优秀传统。另一方面，行业文化体现了不同职业的价值理念和行为规范，对于培养学生的职业素养具有重要意义。高校应加强与行业企业的合作，邀请优秀校友和行业专家开展讲座，组织学生参观实习，帮助其树立正确的职业观和价值观。

第三节　师资保障

一、高等教育与青年德育协同的师资引入

（一）师资引入策略与途径

教育事业的持续发展离不开高素质师资队伍的建设。在高等教育与青年德育协同发展的进程中，师资引入作为基础性工作，对于保障协同育人质量具有重要意义。然而，传统的师资引入机制往往存在片面追求学历、职称等硬性指标，忽视教师德育意识和能力考察的问题。这种做法虽然有利于提升教师队伍的形式化水平，却难以为协同育人提供真正的智力支持和动力源泉。因此，创新优化师资引入机制已经成为高等教育与青年德育协同发展的紧迫任务。

优化师资引入机制，首先要突出德育导向，将教师的思想品德和职业操守作为首要考量标准。一名合格的高校教师，不仅要有渊博的学识和过硬的教学能力，更要具备高尚的情操和责任担当。只有将正确的世界观、人生观、价值观自觉内化于心、外化于行，才能在潜移默化中影响学生、引导学生、塑造学生。因此，在师资引入的考察与遴选中，应将教师的思想品德情况作为必备条件，全面考察其是否具有坚定的理想信念、高度的社会责任感、深厚的爱国情怀以及良好的职业道德。通过严把思想政治关，为高等教育和青年德育协同发

展提供坚实的师德师风保障。

其次，优化的师资引入机制要注重教师德育意识和能力的考察。在高等教育阶段，教师不仅承担着传道授业的基本职责，更肩负着解惑答疑、春风化雨的德育使命。一名称职的教师，既要为人师表，以身作则，更要善于用智慧和爱心去滋润学生的心田，用真理的力量去唤醒学生的良知。这就要求教师具备较强的德育意识，能够主动挖掘所授学科的德育元素，将显性教育和隐性教育有机结合，实现全员全过程全方位育人。同时，教师还应具备熟练运用各种德育方法的能力，善于根据学生特点和实际需要，灵活采取说服教育、实践锻炼、典型示范等多种方式，引导学生将所学知识转化为内在品质和行为习惯。在师资引入时，应将教师的德育意识和能力作为重要考察内容，通过试讲、面谈、情景模拟等多种方式，全面评估其是否具备协同推进高等教育与青年德育的基本素质。

优化师资引入机制还要创新遴选方式，拓宽引才视野。长期以来，高校教师的遴选往往局限于应届高校毕业生和在职教师，忽视了从党政机关、企事业单位、科研院所等不同领域吸纳优秀人才。这种做法虽然有利于保持教师队伍的学术性和专业性，却不利于教师队伍多样性和实践性的提升。事实上，高等教育与青年德育的协同发展，需要教师队伍具备多元化的知识背景和实践经验。引入不同领域的优秀人才，有利于促进不同学科、不同部门、不同行业的交流融合，为协同育人提供更加丰富的资源和更加开阔的视野。因此，在师资引入中，应打破身份和学历的局限，创新遴选标准和方式，注重人才的实际能力和发展潜质。通过柔性引进、联合培养、人才租借等灵活多样的方式，不断优化教师队伍的知识结构和能力素质，为高等教育与青年德育协同发展提供充足的人才储备和智力支持。

高等教育与青年德育协同发展对师资队伍提出了更高更新的要求，只有不断完善师资引入机制，加强师德师风建设，提升教师德育意识和能力，创新人才遴选方式，才能为协同育人提供坚实有力的人才保障。在全面深化教育改革的背景下，深入推进师资引入机制创新，对于全面贯彻党的教育方针、落实立德树人根本任务，具有十分重要的理论意义和实践价值。

（二）师资引入质量控制

师资引入是高等教育与青年德育协同发展的关键保障。高校要树立质量第一的用人导向，制定科学的人才引进标准，把具有深厚学术造诣、优秀教学能力和高尚师德修养的教师引入德育工作中来。在招聘过程中，高校要全面考察应聘者的专业水平、教学经验、道德品质等，确保引进的教师不仅学术精湛，而且师德高尚，能够成为学生成长的引路人。

同时，高校要建立健全教师准入制度，严把聘用关。对新入职的教师，要进行必要的师德师风培训，引导其树立正确的育人理念，提升德育工作能力。对在职教师，要定期开展师德师风考核，将考核结果作为职称评定、岗位聘用的重要依据，促进教师自觉加强师德修养，规范从教行为。

此外，高校还要完善教师发展支持体系，为教师的专业成长和能力提升提供平台。一方面，要定期组织教师参加学术交流、教学研讨等活动，拓宽其学术视野，更新其教育理念；另一方面，要建立教师发展中心，开展教学技能培训、心理健康辅导等，帮助教师提升育人本领，缓解工作压力。

对于德育骨干教师，高校要给予重点培养，形成一支专业化、职业化的德育工作队伍。可以选派优秀教师到德育教育理念先进、德育工作成效突出的高校挂职锻炼，学习借鉴先进经验；也可以聘请德育专家、心理学家来校指导，对德育骨干教师进行系统培训，提升其理论水平和实践能力。

引进高水平的师资队伍固然重要，但更关键的是要充分发挥现有教师在德育工作中的主体作用。高校要树立“每位教师都是德育工作者”的理念，鼓励所有教师积极参与德育实践，在教学过程中融入德育元素，在与学生的日常交往中传递正确的价值观念。同时，要建立健全教师参与德育工作的激励机制，在职称评定、评优评先等方面向积极投身德育工作的教师倾斜，调动教师参与德育的积极性和主动性。

高校只有不断优化师资引进机制，加强师德师风建设，完善教师发展支持体系，充分发挥教师在德育工作中的主体作用，才能为青年学生的健康成长构筑坚实的师资根基，推动高等教育与青年德育的协同发展，培养德、智、体、美、劳全面发展的社会主义建设者和接班人。

二、高等教育与青年德育协同的师资队伍培训

（一）持续培训体系建立

教师作为教育教学的主导者和实施者，其专业素养和育人能力直接影响着协同发展的成效。然而，当前高校教师在德育理念、方法和实践等方面还存在

一定的不足，难以适应新时代德育工作的要求。因此，构建科学、系统的教师持续进修和成长模式势在必行。

一方面，持续培训体系应立足教师专业发展需求，提供丰富多彩的培训内容。培训内容应涵盖德育理论基础、实践方法、心理辅导等多个维度，帮助教师全面提升德育意识和能力。同时，培训还应关注教师自身的价值观塑造和人格修养，引导其树立正确的育人理念，以身作则、言传身教。只有教师具备了深厚的德育情怀和过硬的专业素养，才能在协同育人过程中发挥积极作用。

另一方面，持续培训体系应创新培训形式，激发教师的参与热情。传统的培训模式往往以理论灌输为主，缺乏互动交流和实践锻炼，导致教师参与积极性不高。为破解这一难题，可以探索工作坊、案例研讨、经验分享等参与式培训形式，让教师在实践中加深对德育工作的认识和理解。同时，还可以利用信息技术手段，开发在线培训课程和资源，为教师提供自主学习、交流互动的平台，拓宽培训的时空界限。

此外，持续培训体系还应注重培训效果的评估与反馈。评估不仅要考察教师的理论学习成果，更要关注其在实践中的应用情况。可以通过学生评价、同行评议、自我反思等多元化评估方式，全面了解教师在德育工作中的表现和不足。评估结果应及时反馈给教师本人，帮助其查找问题原因，制定针对性的改进措施。同时，优秀教师的先进事迹和经验做法也应得到广泛宣传和推广，发挥示范引领作用。

建立健全持续培训体系，为教师搭建专业进修和能力提升的平台，是推动协同育人的必然要求。只有教师不断更新德育理念，提高专业素养和实践能力，才能真正成为引领青年学生全面发展的“领路人”，为实现高等教育与德育工作的深度融合贡献智慧和力量。

（二）针对性培训内容开发

针对性培训内容设计是保证高等教育与青年德育协同发展的关键举措。在新时代背景下，高校教师不仅要具备扎实的专业知识和教学技能，更要具备全面育人的意识和能力。因此，在教师培训中，必须充分考虑协同发展的特点和要求，有的放矢地开发培训课程与模块。

从知识层面来看，针对性培训内容应着重加强教师对德育理论和实践的系统认识。一方面，要深化教师对社会主义核心价值观、中华优秀传统文化等德育内容的理解，帮助其掌握德育工作的基本原理和方法；另一方面，要引导教师树立“教书育人”的理念，了解大学生身心发展规律，提高德育与专业教学相结合的能力。通过理论学习与案例分析，教师能够更好地把握德育工作的内涵和要求，为协同育人奠定坚实的知识基础。

从能力层面来看，针对性培训内容应重点提升教师开展德育实践的专业素养。教师不仅要掌握先进的教学方法和技术手段，更要具备组织德育活动、开展师生交流、处理学生问题等方面的实践能力。培训中可以设置微格教学、角色扮演等环节，让教师在模拟情景中锻炼应变能力和沟通技巧；也可以组织教师参与德育案例研讨、校园文化建设等实践项目，增强其德育工作的感悟和体验。通过行动学习与反思提升，教师能够不断提高德育实践的针对性和有效性，为协同育人提供有力支撑。

从态度层面来看，针对性培训内容应着力塑造教师投身德育事业的责任意识。教师是德育工作的组织者、实施者和引导者，其工作态度和行为风范对学生成长具有潜移默化的影响。培训中要加强师德师风教育，激发教师的使命感和荣誉感，引导其以身作则、为人师表；要开展教师职业理想教育，帮助其树立终身学习、终身发展的信念，自觉肩负起立德树人的时代重任。通过价值引领与情感熏陶，教师能够形成积极向上的职业态度，为协同育人注入不竭动力。

三、高等教育与青年德育协同的教师激励

（一）激励机制设计原则

教师激励机制设计的关键在于遵循科学性、针对性和可操作性原则，充分调动教师的积极性和创造性，促进其不断提升德育工作的能力和水平。

首先，激励机制的设计应当立足教师的实际需求，兼顾其物质和精神诉求。单纯的物质奖励如奖金、津贴等固然重要，但更应重视精神层面的激励，如表彰先进、树立典型，营造良好的舆论氛围，增强教师的职业荣誉感和使命感。只有精神激励与物质奖励并重，才能最大限度地释放教师的内在动力。

其次，激励机制应当突出教师德育工作的针对性和差异性。不同学科、不同年级的德育重点各有侧重，教师的德育能力和经验也参差不齐。因此，在设计激励方案时，要充分考虑这些差异，制定有针对性的指标和标准。对于德育经验丰富、工作扎实的教师，可以侧重于成果导向的激励；而对于新入职或德育基础较为薄弱的教师，则应更加注重过程管理和能力提升。如此，才能使激

励机制更具有针对性和实效性。

最后，教师激励机制的设计还应重视可操作性和动态调整。设计再好的方案，如果在执行中难以量化、操作步骤烦琐，就难以真正发挥作用。因此，在设计指标体系、评价流程时，应当尽可能细化量化，简化操作环节，为一线教师提供清晰、便捷的指引。同时，教育教学是一个动态发展的过程，教师的需求和诉求也在不断变化。激励机制必须与时俱进，根据实践反馈及时调整优化，保持其时代性和活力。

此外，创新多样的激励手段也是设计高质量教师激励机制的有效策略。除了常规的物质奖励和精神表彰，学校还可以为优秀教师提供更多专业发展机会，如外出学习、参加培训、带薪进修等；鼓励他们在德育研究、德育课程开发等方面先行先试，并给予政策、资金等方面的倾斜和支持。这些措施不仅能够满足教师个性化、差异化的发展需求，也有利于学校整体德育工作水平的提升。

教师激励机制设计的最终目的，是要为教师成长搭建广阔的平台，为学校德育事业发展提供坚实的人才支撑。科学合理的教师激励机制，应当遵循德育工作规律，尊重教师主体性，满足教师多元化需求，调动教师积极性，焕发教师创造力。只有不断完善教师激励机制，才能凝聚起教师队伍的磅礴力量，推动学校德育工作不断迈上新台阶。

（二）多样化激励手段

在高等教育和青年德育协同发展的过程中，教师激励机制的设计和实施发挥着关键作用。科学、合理、多样化的激励手段不仅能够调动教师的积极性，提高教学质量，更能够促进教师自身的专业成长和人格发展。这对于实现高校德育目标，培养德、智、体、美、劳全面发展的社会主义建设者和接班人具有重要意义。

从物质激励的角度来看，合理的薪酬待遇和福利保障是吸引和留住优秀德育人才的基础。高校应该建立与教师德育工作业绩挂钩的绩效考核和薪酬分配机制，充分体现德育工作在教师考评中的重要性。对于在德育领域表现突出、成绩显著的教师，学校还可以给予相应的物质奖励，如科研经费支持、住房补贴等，以鼓励其继续投身德育事业。

然而，仅仅依靠物质激励是远远不够的。精神激励同样不可或缺，它更能激发教师的内生动力，唤起其职业认同感和使命感。表彰优秀德育工作者，宣传他们的先进事迹，营造尊师重教的校园氛围，能够极大地鼓舞教师的士气。

针对教师在德育实践中遇到的困惑和问题，学校应该搭建交流平台，组织经验分享会、案例研讨会等，帮助教师学习借鉴优秀做法，不断提升德育工作水平。

专业发展机会同样是激励教师投身德育工作的重要法宝。高校应该为教师参加德育相关的培训、进修、学术会议提供经费支持，鼓励其不断更新知识，拓宽视野。对于德育工作成绩突出的教师，学校还可以给予职称评聘、出国访学等方面的倾斜，为其职业发展提供更多机会和平台。

除了个人层面的激励，营造良好的德育工作环境和氛围也十分必要。这需要学校各部门通力合作，形成德育工作的整体合力。学校应该在制度层面明确德育工作的重要地位，将其与教学、科研等工作同等对待，纳入学校发展规划和考核体系。建立健全德育工作评价机制，完善督导与反馈机制，及时发现和解决德育工作中存在的问题，为教师开展德育工作提供有力保障。

此外，加强与社会各界的沟通合作，争取家长、社区等方面的理解和支持，能够从外部为教师德育工作创造良好的环境和条件。邀请优秀校友、杰出校友回母校开展讲座，分享成长历程和人生感悟，以生动鲜活的案例启迪学生心智，也能极大地鼓舞教师开展德育工作的热情。

面对新时代德育工作的新要求、新挑战，高校亟须建立科学合理、多维度、可持续的教师激励机制。从物质到精神，从个人发展到环境营造，激励措施应该全方位、多层次，形成合力，为教师潜心德育教书育人提供坚实保障。只有不断创新德育工作理念，优化德育评价体系，完善相应激励政策，才能最大限度地调动广大教师投身德育事业的积极性、主动性和创造性，为实现高等教育内涵式发展、全面提高人才培养质量作出应有贡献。

（三）激励机制实施与调整

高等教育与青年德育协同发展中的激励机制，是保证师德建设持续推进、教师队伍不断成长的关键。科学合理的激励措施，能够调动教师投身德育工作的积极性，激发其不断进取、追求卓越的内在动力。然而，传统的物质奖励和精神表彰，往往存在针对性不强、可持续性不足等问题，难以从根本上激发教师的内生动力。因此，探索更加多样化、更具活力的激励方式，成为深化高校德育改革的迫切需要。

建立健全协同育人背景下的教师激励机制，要正确把握激励的内在规律。科学的激励不仅要兼顾物质和精神层面，更要注重内部驱动和外部推动的辩证统一。单纯依靠物质利益的驱使，容易导致教师重视短期收益而忽视长远发展；

而过度强调精神追求，又可能脱离教师的现实需求。因此，高校应在全面调研的基础上，制定兼顾教师发展诉求和德育工作需要的激励政策，在物质保障和精神鼓舞之间找到平衡点，最大限度地调动教师参与协同育人的积极性。

高校要不断创新激励手段，增强激励的针对性和实效性。一方面，学校可以探索实行分类激励，根据不同教师群体的特点和需求，制定有针对性的奖励措施，避免“一刀切”和“大水漫灌”。比如，对于青年教师，可以侧重于在职称评聘、学术发展等方面给予倾斜；而对于德育经验丰富的教师，则可以在精神荣誉、决策参与等层面予以表彰。另一方面，高校还应拓宽激励渠道，鼓励院系、学生组织等多元主体参与到教师激励中来。通过开展形式多样的评选表彰活动，营造尊师重教的浓厚氛围，使教师切实感受到德育工作的意义和价值。

高校可以通过设立专项基金，为教师参与德育研究、开展德育实践提供经费保障；定期举办教学沙龙、经验交流会，搭建教师分享心得、共同进步的平台；建立德育导师制度，鼓励优秀教师带动和引领新教师成长。唯有保持激励措施的延续性和进化性，才能为教师的可持续发展提供不竭动力。

教师的言传身教对学生成长具有潜移默化的影响，他们的道德修养和人格魅力是德育工作成败的关键。因此，在完善激励机制的同时，高校还应加强师德教育，引导教师坚定理想信念，涵养高尚道德情操，以身作则、率先垂范。只有教师自身具备良好的师德修养，才能真正成为学生健康成长的引路人。

四、高等教育与青年德育协同的教师交流与合作

（一）交流合作重要性

在高等教育与青年德育协同发展中，教师的交流与合作是不可或缺的重要环节。它为教师搭建了分享教学经验、教学资源的平台，有助于教师整体专业素质和德育能力的提升。教师是教育教学活动的组织者、实施者和引导者，其专业水平和综合素养直接影响着教育质量。因此，加强教师之间的交流合作，充分发挥教师团队的集体智慧，对于推动高校德育工作的创新发展具有重要意义。

教师交流与合作有利于促进教学经验的传递和教学资源的共享。每位教师都有自己独特的教学风格和方法，都积累了宝贵的教学经验和资源。通过交流与合作，教师可以相互学习借鉴，取长补短，不断完善自己的教学艺术。尤其

是青年教师，他们刚刚走上工作岗位，教学经验相对匮乏，更需要与资深教师多交流、多合作，快速成长为德育工作的骨干力量。同时，教师交流与合作还能促进优质教学资源的共建共享，提高教学资源的利用效率，为学生提供更加丰富多元的德育教育。

教师交流与合作有助于提升教师队伍的整体素质和德育能力。通过交流合作，教师能够及时了解德育工作的新理念、新趋势，拓宽德育视野，更新德育理念。在交流碰撞中，教师能够相互启发，激发教育智慧和创新灵感，探索更加科学有效的德育途径和方法。特别是在跨学科、跨专业的教师交流合作中，教师能够打破学科壁垒，整合多学科资源，实现德育与专业教育的深度融合，为学生提供更加全面系统的教育引导。这不仅有利于提升教师个人的综合素养，更能推动教师队伍整体德育能力的跃升。

教师交流与合作是培养德育骨干、发展德育团队的有效途径。高校德育工作是一项系统工程，需要一支素质优良、结构合理、团结协作的教师队伍。通过广泛深入的教师交流合作，可以发现德育工作中的优秀人才，培养德育骨干力量。同时，教师交流合作还能增强教师的团队意识，促进教师之间的相互理解和配合，形成团结协作的良好氛围。在交流合作中，教师之间可以优势互补、资源共享，携手攻坚克难，共同推进德育工作的创新发展。这不仅能够最大限度地发挥每位教师的专长和潜能，更能凝聚教师队伍的向心力和战斗力。

当然，要真正发挥教师交流合作的育人功能，还需要高校营造良好的环境和氛围。一方面，高校要完善相关制度，为教师交流合作提供政策支持和保障，如设立专项经费、开辟交流平台、健全激励机制等。另一方面，高校要注重人文关怀，关心教师的职业发展和身心健康，为教师创造宽松、和谐的工作环境。唯有如此，教师才能安心从教、潜心育人，在交流合作中不断成长进步，为培养德、智、体、美、劳全面发展的社会主义建设者和接班人贡献智慧和力量。

在新时代背景下，高校应该高度重视教师交流合作，拓宽合作领域，创新合作模式，激发教师队伍的活力和动力。唯有不断深化教师交流合作，推动教师素质和德育能力的全面提升，才能为高等教育与青年德育的协同发展提供坚实的师资保障，为立德树人、培根铸魂的根本任务增添新的动力。

（二）国内外交流项目开展

国内外教师交流项目是深化高等教育与青年德育协同发展的重要载体。通过开展丰富多彩的交流活动，教师能够开阔视野、更新理念、拓宽思路，从而为推动高校德育工作注入新的活力。一方面，国内高校间的教师交流有助于梳理德育工作的共性问题，探索行之有效的教育路径。不同高校的德育实践各具特色，教师通过相互学习、取长补短，能够找到破解难题的“金钥匙”。同时，高校教师还可以借鉴中小学德育的成功经验，探索大中小幼一体化的德育体系构建之道。

另一方面，中外教师交流项目为我国高校德育工作提供了宝贵的国际视野。通过与国外知名高校开展教师互访，我国教师能够深入了解国外德育的前沿理念和实践模式，吸收借鉴其中的优秀元素。譬如，美国高校注重培养学生的社会责任感，英国高校重视学生品格塑造，这些都值得我们学习借鉴。我国教师也可以向世界展示中国特色社会主义大学的德育成就，讲好中国德育故事，提升我国高校德育的国际影响力。

当前，教师交流项目的形式和内容日益丰富，涵盖了访学研修、专题研讨、经验分享、课题合作等多个方面。一些高校积极搭建校际交流平台，定期举办德育论坛、研讨会，为教师搭建了充分沟通、深度互动的平台。还有一些高校依托智库机构，组建跨国研究团队，聚焦德育领域的前沿问题开展联合攻关，取得了一批高质量的研究成果。这些生动实践充分证明，教师交流已经成为推动高校德育创新发展的重要法宝。

展望未来，深化教师交流合作大有可为。一是要进一步健全体制机制，加大人才、经费、场地等方面的保障力度，为教师交流提供坚实后盾。二是要创新交流形式，在传统模式的基础上，积极探索网络研修、在线研讨等新型方式，实现交流合作的常态化、制度化。三是要优化交流内容，紧扣立德树人根本任务，聚焦德育工作的重点难点问题，力求取得更多实质性成果。四是要拓宽交流渠道，统筹国内国际两个大局，推进与“一带一路”国家高校的教师交流，助力人类命运共同体建设。

在高等教育与青年德育协同发展的进程中，唯有不断加强教师交流合作，推动德育队伍建设，才能为培养担当民族复兴大任的时代新人提供坚实保障。站在“两个一百年”奋斗目标的历史交汇点，高校教师要以更加开放的胸襟、更加务实的作风投身交流的洪流，在互学互鉴中武装头脑、凝聚共识，为加快构建高校德育工作新格局贡献智慧和力量。

（三）校际、跨地区合作策略

在高等教育与青年德育协同发展过程中，教师作为教育活动的组织者和实施者，其视野的开阔程度、教学理念的先进性以及实践经验的丰富性都将直接影响到协同育人的成效。因此，积极开展校际、跨地区的教师交流与合作，对于提升高校德育工作的整体水平具有重要意义。

从知识更新的角度来看，校际、跨地区的教师交流为教师提供了接触新知识、新理念、新方法的机会。通过与不同院校、不同地区的教师交流，他们能够了解德育工作的最新进展和发展动向，学习借鉴先进的教育理念和成功经验，开阔德育工作的思路和视野。这种知识的更新和思维的拓展，有助于教师及时调整和优化自身的教学方式，使德育工作始终保持与时俱进的生机和活力。

从能力提升的角度来看，校际、跨地区的教师合作为教师搭建了一个相互学习、共同进步的平台。在合作过程中，来自不同院校和地区的教师可以充分发挥各自的专长，分享彼此的教学心得和实践技巧。这种专业层面的交流碰撞，不仅能够帮助教师查漏补缺、完善自我，更能激发他们探索创新的热情，在教学实践中形成自己独特的育人风格。可以说，校际、跨地区的教师合作为教师能力的持续提升提供了源源不断的动力。

从资源整合的角度来看，校际、跨地区的教师交流有利于实现优质教育资源的共建共享。不同院校和地区在德育工作中往往各具特色，形成了独具一格的育人模式和品牌项目。通过交流与合作，这些优质资源可以在更大范围内得到推广和应用，惠及更多的学生和教师。同时，资源的整合也有助于弥补单个院校或地区德育工作的不足，实现优势互补和错位发展。

从改革创新的角度来看，校际、跨地区的教师交流为德育工作注入了新的活力和动力。在交流合作中，不同院校和地区的教师可以跳出原有的思维定式，打破固有的工作模式，用更加开放、包容的心态去审视德育工作中的问题和不足。这种思维的碰撞和观点的交锋，往往能够激发教师的创新灵感，催生出一批富有特色、切合实际的德育改革方案，为新时代高校德育工作的创新发展提供持续动力。

第四章 高等教育与青年德育的协同发展实践

第一节 课程融合

一、高等教育与青年德育课程内容的融合

（一）确定融合课程的德育目标

在大学教育和青年学生德育的协同发展中，融合课程的设计是一项关键任务。明确融合课程的德育目标，是实现课程育人功能的首要前提。只有深刻理解融合课程在德育中的定位和作用，才能科学设计课程内容，优化教学方法，最终完成立德树人的根本任务。

融合课程的德育目标应该立足时代需求，紧扣立德树人根本任务。一方面，要深入分析社会发展对人才素质的要求，把握时代脉搏，使课程目标与国家发展战略相契合。另一方面，要充分考虑大学生身心发展特点和思想状况，设计既符合其认知规律，又能引导其价值取向的德育目标。具体而言，融合课程的德育目标可以包括：促进学生形成正确的世界观、人生观、价值观，培养其爱国主义情怀和社会责任感；帮助学生树立远大理想，坚定理想信念，砥砺意志品质；引导学生践行社会主义核心价值观，提升道德修养和人文素养；激发学生的创新精神和实践能力，培养其成为担当民族复兴大任的时代新人。

在明确融合课程德育目标的基础上，还需要科学设计育人路径。一是“知”的引领。通过课程教学，帮助学生掌握系统完备的马克思主义理论知识，用科学理论武装头脑、指导实践。二是“情”的培育。充分利用课程蕴含的情感因素，引导学生在情感体验中坚定理想信念，升华道德情操。三是“行”的锻炼。强化课程的实践性，让学生在亲身参与中内化知行合一、知行统一的品格操守。四是“美”的熏陶。注重发挥课程的美育功能，提升学生审美情趣和人文素养。只有从“知情行美”多维度入手，形成协同联动的育人合力，才能真正实现融合课程德育目标。

可见，融合课程德育目标的确立和实现，需要从国家需求、学生特点、育

人规律等多个层面着眼。教育工作者要树立“大德育”理念，把德育目标融入课程教学全过程，创新教学内容和方法，激发学生内在动力，引领学生全面发展。唯有如此，才能切实发挥融合课程的育人功效，培养德、智、体、美、劳全面发展的社会主义建设者和接班人。在新时代背景下，高校要主动肩负起青年学生德育的重任，不断深化课程思政改革，推动大学教育与青年德育的协同发展，为实现中华民族伟大复兴的中国梦提供坚实的人才支撑。

（二）结合学科特点设计德育内容

在设计德育内容时，需要充分考虑跨学科的教育理念和实践路径。不同学科虽然在知识体系和研究方法上各有特点，但其蕴含的思想观念、价值取向却存在诸多交叉与融合。挖掘这些共通之处，将德育元素有机融入各学科教学，是实现全员全程全方位育人的重要途径。

以语文学科为例，教师可以选取蕴含丰富道德内涵的文学作品，引导学生在阅读和讨论中感悟作者的情感态度、价值追求，进而思考人生的意义和社会的发展方向。文学中的人物形象、情节故事往往能引发学生的情感共鸣，潜移默化地影响其价值观的形成。而在数学教学中，教师则可以强调数学思维的严谨性、逻辑性，引导学生形成求真务实、实事求是的科学精神和创新意识。通过数学史的介绍，学生还能了解数学家们孜孜以求的治学态度和敢为人先的探索精神，从而树立远大理想，砥砺品格修为。

在自然学科教学中，教师可以引导学生认识生命的可贵、自然的神奇，培养其珍惜生命、热爱自然的情感。通过探究自然界的规律，学生能够体会到人与自然和谐共生的重要性，树立尊重自然、保护环境的意识。而在社会学科的教学中，教师则可以引导学生关注现实问题，分析社会矛盾，思考个人与社会的关系，进而形成正确的世界观、人生观和价值观。通过社会实践活动，学生能够亲身体验不同群体的生活状态，增强社会责任感和奉献意识。

跨学科视角下的德育内容设计，需要打破学科壁垒，整合各学科的德育资源。教师应该主动加强跨学科的交流与合作，探讨不同学科在德育方面的契合点，共同设计跨学科的德育项目。例如，语文和历史学科可以合作开展红色经典阅读活动，引导学生传承革命精神；数学和艺术学科可以合作探讨几何图形之美，培养学生的审美情趣；地理和生物学科可以合作开展环保主题实践，增强学生的生态意识。

跨学科德育内容的整合与应用，还需要学校层面的统筹规划和制度保障。

学校应成立德育工作领导小组，制定德育工作规划，明确各学科在德育中的责任与分工。通过定期开展德育研讨活动，促进不同学科教师的经验交流和资源共享。学校还应完善德育考核评价体系，将教师跨学科德育工作的开展情况纳入绩效考核，提高教师的参与积极性。

只有立足学科特点，挖掘德育元素，创新整合方式，才能不断拓展德育内容的广度和深度，实现德、智、体、美、劳全面发展的育人目标。这需要教师的教育智慧和学校的制度保障，更需要社会各界的理解与支持。让我们携手推进跨学科德育内容的设计与实践，为学生的健康成长奠定坚实基础。

（三）创新德育与专业知识的教学方法

创新德育与专业知识的教学方法，对于提升学生的参与度和实践能力具有重要意义。在高等教育中，德育与专业知识的有机融合是培养全面发展人才的关键。传统的教学模式往往将德育与专业教学割裂开来，忽视了二者的内在联系，导致学生难以将所学知识内化为自身的品德修养和行为习惯。因此，深化德育与专业知识教学的改革创新，已成为新时代高等教育的迫切需求。

1. 转变教学理念

教师要树立“育人为本”的教学思想，将立德树人作为教育的根本任务。在专业知识传授的过程中，教师要主动挖掘教学内容中蕴含的德育元素，引导学生形成正确的世界观、人生观、价值观。同时，教师还要创新教学方法，突出学生的主体地位，激发其学习兴趣和参与热情。例如，教师可以采用案例教学、情景模拟、角色扮演等方式，让学生在实践中感悟德育内涵，提升道德修养。

2. 丰富德育与专业知识教学的载体形式

除了课堂教学，高校还应充分利用第二课堂、社会实践、志愿服务等平台，为学生提供多样化的德育实践机会。通过组织主题活动、开展社会调研、参与公益服务等，学生能够在实践中践行社会主义核心价值观，增强责任意识和担当精神。同时，这些实践活动也有助于学生将所学专业知识运用于实际，提升其分析问题、解决问题的能力。高校还可以充分发挥校企合作、产教融合的优势，为学生搭建理论与实践相结合的德育平台。

3．完善德育与专业知识教学的评价机制

传统的学业评价偏重对专业知识的考查，忽视了对学生德育素养的评估。这容易导致学生重智育、轻德育的倾向，影响其全面发展。因此，高校要建立科学的评价体系，将德育表现纳入学生综合素质评价之中。评价方式要注重过程性和发展性，采取学生自评、同伴互评、教师评价等多元主体参与的方式，全面客观地反映学生的道德品质和行为表现。通过评价的引导和激励作用，促进学生自觉加强德育修养，形成良好的道德品质。

二、高等教育与青年德育课程资源的整合

（一）多媒体教学资源的德育价值挖掘

在当代教育领域中，巧妙融入视频、动画、实境模拟等形式，教师能够营造生动丰富的学习情景，极大地激发学生的学习兴趣和主动性。视频资源尤为突出，它可以将抽象的理论知识形象化、具体化，使学生对知识点有更加直观的感知和理解。以生物课堂为例，通过展示细胞分裂、光合作用等生命现象的动态视频，学生可以更加生动地领会这些过程的精髓所在。

多媒体资源的引入为教师开辟了理想的德育实践途径。利用真实案例视频剖析社会现象，帮助学生树立正确的价值观念。比如在道德与法治课堂播放诚信劳动者的励志故事，让学生从生动鲜活的事例中体会诚实守信的重要性。可见，多媒体资源不仅是知识传授的辅助手段，更是培养学生正确品行的有力工具。

值得一提的是，我们在挖掘多媒体资源的教学价值时，应当注重线上线下资源的互补整合。线上资源如慕课、微课等极大丰富了学习渠道，而线下实体课堂则为学生提供了面对面的指导和互动。两者有机结合，才能充分发挥多媒体资源的优势。例如在高中物理电学实验中，学生可以先在线上观看相关微课视频预习实验原理和步骤，课堂上再根据教师指导动手操作，巩固并内化所学知识。

我们应当秉持开放、创新的理念，持续探索资源的教学价值，并在课程设计和教学实践中加以充分运用，从而提高课堂的吸引力和实效性，培养学生的综合素养。当代社会，教育理念和手段不断创新，作为教育工作者，我们有责

任与时俱进，为学生的全面发展贡献自己的智慧和力量。

（二）线上线下资源的互补整合

线上线下资源的互补整合是实现高等教育与青年德育协同发展的重要路径。随着信息技术的迅猛发展，网络平台已经成为大学生学习和生活的重要场域。高校应该充分利用网络平台的优势，丰富德育资源，创新德育方式，实现线上线下的有机结合。一方面，高校可以借助网络平台开设德育慕课、微课等在线课程，邀请德育专家、优秀校友录制视频讲座，为学生提供丰富多彩的德育资源。这些在线资源不受时空限制，学生可以根据自己的需求和节奏进行学习，有利于激发其内在的道德动机和价值追求。另一方面，高校还应注重发挥实体教学的优势，将网络德育资源与课堂教学、实践活动相结合。教师可以在课堂上播放德育微视频，引导学生展开讨论和反思；辅导员可以组织学生观看德育电影，撰写观后感，加深对德育内容的理解和内化。同时，高校还可以组织学生参与志愿服务、社会实践等德育实践活动，引导其在实践中践行社会主义核心价值观，增强道德修养。

网络平台与实体教学的互补整合，有利于形成立体化、多维度的德育体系。网络平台为德育工作拓展了时空维度，提供了海量的教育资源和交互式的学习体验。而实体教学则注重人格感染和行为养成，帮助学生内化道德认知，外化道德行为。二者相互配合，优势互补，能够充分调动学生的主观能动性，提高德育工作的针对性和实效性。当然，线上线下德育资源的整合还需要高校加强顶层设计和统筹规划。一方面，高校应成立专门机构，负责网络德育资源的开发、管理和应用，建立健全相关制度和标准，确保资源质量和安全。另一方面，高校还应加强对教师的培训和指导，提升其运用信息技术开展德育工作的能力，鼓励其积极参与线上线下德育资源的建设和整合。只有形成全员参与、协同联动的工作机制，才能真正实现线上线下资源的深度融合，构建起互联网＋背景下的高校德育新生态。

线上线下资源的互补整合顺应了信息化时代教育变革的大势，体现了以学生为中心、注重实践体验的教育理念，为提升德育工作的科学性、时代性提供了有力支撑。高校应立足自身实际，发挥校内外资源优势，探索线上线下相结合的德育新模式，不断增强德育工作的吸引力和感染力，引导青年学子坚定理想信念，涵养高尚品格，成长为担当民族复兴大任的时代新人。

（三）资源平台的建设与管理

资源平台的建设与管理在高等教育与青年德育课程融合中发挥着关键作用。随着信息技术的迅猛发展，构建一个内容丰富、功能完备、易于使用的德育资源平台已成为教育工作者的共识。这样一个平台不仅能够有效整合各类德育教学资源，促进资源的共建共享，更能够为教师备课、学生自主学习提供强有力的支撑，推动课程融合向纵深发展。

德育资源平台的建设需要遵循系统性、科学性和实用性的原则。系统性是指平台应涵盖德育教学的各个环节和领域，包括理论学习、实践活动、评价反馈等，使其成为一个有机联系、相互促进的整体。科学性是指平台的架构设计、功能开发、内容组织都要符合教育教学规律和学生认知特点，体现先进的教育理念和信息化手段。实用性是指平台要贴近教学一线需求，为教师和学生提供切实可行、便于操作的服务，真正成为助力教学的得力工具。

在资源整合方面，德育资源平台应广泛吸纳优质的教学资源，包括文本、图片、音频、视频等多种形式，覆盖德育的各个主题和领域。这些资源既要体现德育的核心价值理念，如社会主义核心价值观、中华优秀传统文化等，又要紧密结合学生的生活实际和时代特点，如社会热点问题、现实道德困境等。同时，资源的选择和呈现要考虑到不同年级、不同专业学生的特点，做到因材施教、有的放矢。

德育是一个与时俱进、不断发展的过程，平台的建设也要体现这一特点。这就要求管理者密切关注德育领域的新进展、新成果，及时更新和充实平台内容，使其始终保持旺盛的生命力。此外，还要建立资源的评价和反馈机制，鼓励教师和学生参与资源的评价和改进，不断优化资源的质量和适用性。

三、高等教育中跨学科德育课程的开发

（一）跨学科课程体系构建的原则

跨学科课程体系的构建需要遵循一定的原则，以确保教学内容的连贯性与一致性。首先，明确跨学科课程的育人目标。培养什么样的人才，需要学生掌握哪些知识和能力，这是设计课程体系的根本出发点。只有在明晰育人目标的基础上，才能有的放矢地选择和整合不同学科的教学内容，避免盲目拼凑和随

意堆砌。

其次，跨学科课程体系的构建应该遵循知识的内在逻辑。不同学科的知识体系各有特点，但它们之间并非毫无关联。通过深入分析不同学科知识的内在联系，挖掘其共通之处和互补之处，可以实现不同学科在概念、原理、方法等方面的有机融合。这种融合不是简单的拼接，而是要形成一个全新的、具有内在逻辑关系的知识体系。只有这样，学生才能建立起系统、完整的知识框架，深刻理解不同学科知识之间的联系，提升知识迁移和综合运用的能力。

最后，跨学科课程体系的构建还应该考虑学生的认知特点和接受能力。不同年龄阶段的学生在认知发展水平、学习风格等方面存在差异。因此，跨学科课程的内容设计应该与学生的认知水平相适应，遵循由浅入深、由易到难的原则，设置合理的学习任务和挑战，引导学生循序渐进地掌握跨学科知识。同时，还要注重课程内容的趣味性和实用性，激发学生的学习兴趣，提高学习效果。

此外，跨学科课程体系的构建离不开教师之间的通力合作。不同学科背景的教师在教学理念、教学方法等方面可能存在分歧。要构建高质量的跨学科课程体系，教师之间必须加强交流与协作，相互学习，取长补短。通过集体备课、教学研讨等方式，教师可以共同探讨课程目标、教学内容、教学策略等，形成共识，优化课程设计。只有教师形成合力，跨学科课程的实施才能做到有机统一、步调一致。

跨学科课程体系的构建需要从育人目标、知识逻辑、学生认知、教师合作等多个维度进行统筹考虑。只有遵循科学的原则，整合不同学科的优质资源，才能构建起内容连贯、逻辑严密的跨学科课程体系。这不仅有利于拓宽学生的知识视野，培养学生的综合素质，而且对于推动学科交叉融合、创新人才培养模式具有重要意义。在新时代背景下，加强跨学科课程体系建设，深化课程教学改革，必将为提升人才培养质量、服务国家战略需求作出积极贡献。

（二）开设跨学科选修课程的策略与实施

在当代高等教育体系中，跨学科选修课程的开设具有重要意义。它不仅有助于拓宽学生的知识视野，培养其综合素质，更有利于促进学生全面均衡发展。鼓励学生跨界学习，跳出单一专业的框框，接触不同学科领域的知识，可以激发其对新鲜事物的好奇心和探索欲望，增强对知识的渴求和对未知世界的向往。跨学科学习不仅丰富了知识结构，拓宽了认知视野，更重要的是培养了学生的批判性思维能力和创新意识。

在开设跨学科选修课程时，应遵循以下策略与措施：首先，课程设置应该贴近社会发展需求，注重知识的交叉融合与综合应用。不同学科之间存在着紧密的联系，设置跨学科课程可以突破学科壁垒，培养学生理解和运用复合知识的能力。其次，教学内容要注重理论与实践的结合，提高课程的实践性和应用性。学生不仅要掌握基础理论知识，更要培养将所学转化为实践操作能力的意识。最后，教学方式应该适当运用多媒体技术和网络教学资源，优化课堂氛围，提高教学效率。通过多元化、互动性的教学模式，学生的课堂参与度和学习主动性都将大幅提高。

跨学科选修课程的开设需要整合校内外的教学资源，实现优质师资的共享。各学科教师应加强沟通与合作，协同开发跨学科课程，形成共同的教学团队。同时，还要为学生提供更丰富的跨学科选修机会，完善课程体系。此外，制定合理的考核机制也很重要，通过过程性评价和多元考核方式，全面追踪学生的学习效果和成长轨迹。只有营造开放、包容的学习环境，才能充分释放跨学科选修课程的育人价值。

开设跨学科选修课程是高等教育改革的必然趋势，契合了培养复合型创新人才的时代需求。通过鼓励学生跨界学习、拓宽知识视野，可以有效提升其综合素养，铸就适应未来社会发展的新型人才。我们应该充分认识到跨学科课程的重要性，不断完善课程供给，优化教学模式，为高等教育事业贡献新的发展动力。

（三）教师团队跨学科协作的有效机制

高等教育与青年德育的紧密融合，需要建立一套行之有效的教师团队跨学科协作机制。不同学科背景的教师应定期组织专题研讨会，共同探讨课程设置、教学内容等问题，实现资源共享、经验互鉴。通过跨学科协作，教师能够结合本学科优势和特色，为学生提供更加全面、系统的知识体系，培养其全面发展所需的综合素质。

跨学科协作还有利于创新教学方法，丰富教学形式。例如，可邀请不同学科的教师参与项目式教学，从多角度、多层次指导学生开展实践探究。在实践过程中，教师们可相互借鉴、互学互长，不断改进教学策略，优化教学效果。此外，教师团队还可共同组建跨学科课程资源库，集中收录各领域的优秀教学案例、创新教育理念等，为课程建设提供科学依据。

四、高等教育与青年德育课程融合的评价体系

高等教育与青年德育融合课程效果评估的核心在于考核学生德育素养的提升，这需要建立一套科学、全面的评估体系。

评估体系应基于明确的德育目标而构建。教师需要根据课程特点，细化知识、能力、情感等方面的育人目标，并将其转化为可观察、可测量的评价指标。例如，在知识层面，可以考查学生对品德规范、行为准则的理解和内化程度；在能力层面，可以评估学生解决道德两难问题、进行价值判断的能力；在情感层面，可以观察学生爱国主义情怀、集体主义精神的养成情况。只有构建起目标明确、指标细化的评估体系，才能真正考察德育融合课程的育人成效。

评估方法应体现多元性和发展性。传统的德育评价往往采用单一的考试或评分的形式，难以全面反映学生的道德发展状况。德育融合课程的评估应采取过程性评价与终结性评价相结合、定性评价与定量评价相结合的综合性评估方式。过程性评价强调对学生德育素养发展的连续跟踪和记录，教师可以通过观察学生在课堂讨论、小组合作中的表现，撰写学生成长档案，真实记录其道德认知、情感、行为的变化轨迹。终结性评价则侧重于学期末或学年末对学生德育素养的整体测评，可采取知识测验、情境分析、综合素质报告等形式。定性评价注重对学生道德发展的描述性分析，教师可通过与学生谈话、家长访谈等方式，深入了解学生思想动态和行为表现。定量评价则通过数字化的指标体系，客观呈现学生德育素养的发展水平。多元评估方法的运用，能够帮助教师从不同角度审视学生的全面发展状况，做到因材施教。

评估主体应突出师生互动和自我反思。德育融合课程的评估不应该是教师的“独角戏”，而应成为师生共同参与、共同成长的过程。一方面，教师要充分发挥引导者的作用，通过与学生平等对话、探讨，启发其道德思考，引导其价值澄清。学生在与教师的互动中，能够及时获得对自我德育发展的反馈，从而更好地认识自我、完善自我。另一方面，学生也应成为评估的主体。教师可以引导学生开展自我评价和互评，促使其主动反思自己的道德修养，明确今后的努力方向。在评估过程中，教师要注重创设宽松、平等、互信的师生关系，唯有如此，才能调动学生参评的主动性，增强评估的教育性。

高等教育与青年德育融合课程的评估不能流于形式，其结果应及时反馈给学生和家长，成为学生进一步提升自我、家校合力培养的重要参考。对教师而言，评估结果是检验和改进德育教学的“试金石”。通过系统梳理、科学分析评估数

据，教师可以及时发现德育融合课程的薄弱环节，优化教学内容，创新教学方法，不断提升德育实效。同时，学校应建立健全评估结果运用的激励机制，将评估结果与教师绩效考核、职称评定等挂钩，调动教师投身德育融合课程教学改革的积极性和创造性。

第二节　社团活动与校园文化建设

一、高等教育社团活动中的德育元素融入

（一）理念引导与目标设定

只有建立正确的德育理念，明确德育目标，才能为社团活动的开展提供方向指引和价值导向。具体而言，理念引导主要体现在以下几个方面。

树立“以生为本”的德育理念。社团活动作为大学生全面发展的重要平台，必须立足学生的实际需求和个性特点，尊重学生的主体地位，激发学生的内在潜力。在活动设计和组织过程中，要充分考虑学生的兴趣爱好、认知水平和成长诉求，为其提供自主选择、自主参与的机会，培养其自主意识和责任意识。只有让学生真正成为学习的主人，德育工作才能取得实效。

确立“育人为先”的德育目标。高校社团承担着培养社会主义合格建设者和可靠接班人的重任，必须将立德树人作为根本任务。在明确的德育目标引领下，社团活动才能找准育人方向，凝聚育人合力。一方面，社团要紧密围绕社会主义核心价值观，将爱国主义教育、集体主义教育、社会主义教育等有机融入活动之中，引导大学生坚定理想信念，矢志全面发展。另一方面，社团还要关注大学生世界观、人生观、价值观的塑造，通过榜样示范、情境体验等方式，帮助其形成正确的是非观、义利观、苦乐观，成长为思想成熟、品德高尚的时代新人。

把握“知行合一”的育人规律。社团活动具有生动直观、亲身实践的独特优势，为知行合一提供了良好载体。在活动中，大学生能够将所学知识运用于具体情境，在认识和实践的反复交替中加深对知识的理解，提升运用知识的能力。同时，在合作探究、交流辩论的过程中，大学生能够开阔视野，增强表达沟通能力，形成正确的是非判断和价值选择。可以说，只有遵循知行合一的内

在逻辑，社团活动才能转化为大学生内在品质，真正实现德育目标。

遵循“因材施教”的教育原则。大学生思想活跃、个性鲜明，对德育工作提出了更高要求。社团活动要充分尊重这一特点，针对不同学生的兴趣特长、认知水平，开展形式多样、富有特色的育人实践。对于思想先进、积极进取的学生，可以赋予其更多自主权，发挥其示范引领作用；对于后进学生，则要加强引导帮扶，激发自我教育、自我管理的主动性。通过分类指导、精准施策，最大限度地调动每一位学生的积极性，实现德育与个性发展的有机统一。

（二）活动设计与道德实践

在高等教育社团活动中，德育理念的有机融入是一个循序渐进、潜移默化的过程。通过精心设计富有德育内涵的活动内容，并将其贯穿于社团活动的全过程，可以实现知行合一，促进大学生德、智、体、美、劳全面发展。

首先，社团活动设计应以德育目标为导向，充分挖掘各类社团活动蕴含的德育元素。无论是学术科技类、文化艺术类，还是社会公益类社团，都可以通过主题鲜明、内容丰富的活动设计，引导大学生加深对社会主义核心价值观的理解和认同，陶冶情操，启迪心智。例如，组织参观红色教育基地、开展革命传统教育，可以激发大学生的爱国情怀；开展志愿服务、关爱特殊群体等公益活动，可以培养大学生的奉献精神和责任意识。

其次，在社团活动实施过程中，要注重将显性教育与隐性教育相结合，创设有利于学生内化德育内容的情境氛围。通过言传身教、潜移默化的方式，引导学生在活动中培养正确的价值取向和道德品质。例如，在社团活动中开展小组合作、团队竞赛等，可以锻炼学生的团队意识和协作精神；通过情景模拟、角色扮演等体验式活动，可以提高学生换位思考的能力，培养其同理心和宽容心。

此外，社团活动还应重视实践育人，强化德育实效。马克思主义认为：“人的本质并不是单个人所固有的抽象物，在其现实性上，它是一切社会关系的总和。”因此，社团活动要引导大学生走出校园，深入社会，在实践中接受锻炼、坚定信念。例如，开展暑期“三下乡”社会实践活动，引导大学生投身基层、服务群众，在锻炼能力、奉献社会的过程中升华自我、塑造品格。

需要指出的是，社团活动中德育理念的融入绝非一蹴而就，而是一个持续推进、不断深化的过程。这就要求高校和社团组织者必须树立德育为先的理念，将立德树人贯穿社团建设和管理全过程。通过制定科学的社团发展规划，完善内部治理结构，健全德育考核评价机制等举措，推动社团活动与德育工作的深度融合、同向同行。

高校社团作为大学生自我教育、自我管理、自我服务的重要平台，在加强和改进大学生思想政治教育、提高德育工作针对性和实效性方面具有独特优势。深入推进德育理念在社团活动中的创新实践，对于引领当代大学生坚定理想信念、厚植爱国主义情怀、坚定社会主义核心价值观、勇担时代重任，具有十分重要的意义。这不仅是立德树人根本任务的内在要求，也是实现高等教育内涵式发展、促进学生全面发展的必然选择。

二、高等教育中德育社团的创建与管理

（一）成立流程与组织架构

建立德育社团是高校加强大学生德育工作的重要途径。德育社团的成立需要遵循一定的流程，并构建科学合理的组织架构，以确保其有序运转和健康发展。

德育社团的成立应当符合学校德育工作的总体要求和育人目标。学校相关部门要对社团的宗旨、章程、活动方案等进行严格审查，确保其与学校德育工作的方向一致。同时，要充分尊重学生的主体地位，鼓励学生根据自身兴趣爱好和专业特点，自主申请成立德育社团。

在社团成立初期，要高度重视骨干成员的选拔和培养。德育社团负责人要具备过硬的政治素质、道德修养和组织管理能力。学校可以通过面试、笔试等方式，考查候选人的综合素质，选拔出一批德才兼备的社团骨干。同时，要加强对骨干成员的培训和指导，帮助其尽快熟悉社团运作流程，提升工作能力。

德育社团要建立民主化的管理体制，充分发挥全体成员的积极性和创造性。社团重大事务的决策应当通过民主讨论、集体协商的方式进行，切实保障每一位成员的知情权、参与权和监督权。同时，要建立健全社团内部的分工协作机制，明确每个部门、每个岗位的职责权限，形成各司其职、密切配合的工作格局。

为了保证德育社团活动的针对性和实效性，要建立完善的质量监控体系。学校相关部门要加强对社团活动的过程管理和结果评估，及时发现和解决存在的问题。要定期开展社团工作总结和评优表彰，鼓励先进、鞭策后进，营造良

性竞争的氛围。同时，要注重收集社团成员和参与者的意见建议，形成工作反馈和持续改进的良性循环。

此外，学校还要积极拓展德育社团的活动阵地和资源渠道。要主动与校内外机构开展合作，争取各方面的支持和帮助。例如，可以与思想政治理论课教学部门联合开展专题学习活动；可以与心理健康教育中心合作，开展学生心理健康教育；可以与校外企事业单位对接，开展志愿服务和社会实践活动。通过整合多方资源，不断拓宽德育社团工作的广度和深度。

德育社团作为高校德育工作的重要抓手，必须严格规范社团成立流程，并构建科学合理的组织架构。只有建立健全社团管理体制，加强质量监控和资源整合，才能充分发挥德育社团在大学生思想道德教育中的重要作用，为培养社会主义合格建设者和可靠接班人做出应有贡献。

（二）成员培养与角色认同

社团成员的德育培养需要贯穿于社团活动的全过程，成为社团管理的重要组成部分。只有明确社团成员培养目标，建立科学有效的培养路径，才能真正发挥社团在大学生德育中的独特优势。

1. 社团成员德育培养要注重德育理念的内化

德育不仅仅是知识的传授，更是价值观念的塑造。社团要通过多种形式，如专题讨论、案例分析等，引导成员深刻理解社会主义核心价值观的内涵，使之成为内心的信念和行为的准则。在此基础上，还要强化榜样示范，发挥优秀社团成员的模范带头作用，以身作则、言传身教，带动更多成员向上向善。

2. 社团成员德育培养要注重实践养成

社团活动为成员提供了丰富多样的实践平台，是将德育理念转化为具体行动的重要载体。社团要精心设计各类主题实践活动，引导成员在活动中践行社会主义核心价值观，培养爱国、敬业、诚信、友善等优秀品质。同时，要重视日常管理，将德育渗透到社团活动的各个环节，通过制度建设、过程管控等手段，营造良好的德育氛围，促进成员行为习惯的养成。

3. 社团成员德育培养要注重个性发展

大学生思想活跃、个性鲜明，对自身成长有着多元化的需求。因此，社团德育不能“一刀切”，而应尊重成员的个体差异，因材施教、因需施教。要深入了解每一位成员的特点，有针对性地提供德育指导，帮助他们在社团活动中找准角色定位，唤醒内在潜能，实现自我成长。同时，还要搭建多样化的实践平台，满足成员的不同需求，为其提供个性化的成长路径。

4. 社团成员德育培养要注重制度保障

科学完备的社团管理制度是德育工作有序开展的重要基础。社团要根据自身特点和发展需要，制订切实可行的德育工作方案，明确德育目标、原则、内容和评价标准。在此基础上，要健全社团组织架构，成立德育工作领导小组，负责统筹规划、组织实施和考核评价。同时，要强化过程管理，将德育工作与社团日常运行紧密结合，确保德育措施落到实处、见到实效。

培养社团成员的德育素养是一项系统工程，需要社团、学校、家庭等多方通力合作。社团作为大学生自我教育、自我管理、自我服务的重要阵地，理应在这一过程中发挥主导作用。要以习近平新时代中国特色社会主义思想为指导，深入贯彻落实全国高校思想政治工作会议精神，坚持立德树人根本任务，创新工作理念，完善工作机制，不断提升社团成员德育培养的针对性和实效性，为培养德、智、体、美、劳全面发展的社会主义建设者和接班人贡献力量。

（三）活动管理与质量监控

德育社团活动管理与质量监控是确保高校德育工作有序开展、持续优化的关键环节。为了保证德育社团活动的育人成效，学校应建立健全活动管理与质量监控机制，明确管理职责，完善管理制度，强化过程管控，提高活动质量。

首先，学校应明确德育社团活动管理的主体责任。学生工作部门作为德育工作的牵头单位，应加强与团委、社团联合会等部门的沟通协调，建立“分工明确、各负其责、协同配合”的管理格局。同时，要充分发挥学生干部、骨干社员在自我管理、自我教育中的主体作用，引导他们积极参与社团管理，提高自治能力。

其次，应制定完善的德育社团活动管理制度。包括社团成立、注册、年检等环节的管理办法，活动申报、审批、考核等流程的操作规范，以及活动经费使用、场地器材管理等方面的规章制度。通过制度建设为德育社团活动提供基本遵循，使其有章可循、有据可依。

最后，应强化德育社团活动全过程管控。在活动策划阶段，指导社团负责人制订切实可行的活动方案，把好活动主题、内容、形式的政治关、育人关。活动实施过程中，加强现场指导和安全管理，及时发现并纠正苗头性、倾向性问题。活动结束后，认真总结经验教训，完善管理措施，提高育人实效。

此外，还应创新活动质量评价机制。建立德育社团活动评价指标体系，从活动主题、内容设计、组织实施、育人效果等维度，科学评估活动质量。综合运用学生参与度调查、社团工作述评、师生满意度测评等方式，多角度、全方位了解社团活动开展情况，找准问题症结，研究持续改进的思路和举措。

同时，应注重挖掘社团活动的德育元素，增强活动的思想性、教育性。引导社团将社会主义核心价值观、中华优秀传统文化等有机融入活动主题和环节设计中，寓价值引领于活动实践之中。鼓励社团开展志愿服务、创新创业、艺术教育等特色活动，在潜移默化中提升学生的道德修养和综合素质。

三、校园文化活动的德育功能

（一）文化氛围的德育意蕴

校园文化作为高校精神文明建设的重要载体，对于培育当代大学生的价值观念、道德情操、行为规范有着潜移默化的影响。优秀的校园文化能够营造健康向上、积极进取的育人环境，引导学生树立正确的世界观、人生观和价值观，塑造高尚的道德品质和文明行为习惯。从这个意义上说，加强校园文化建设，发挥其德育功能，已经成为新时代高校育人工作的重要内容和紧迫任务。

校园文化的德育意蕴首先体现在其价值引领功能上。校园文化所倡导的价值理念、道德规范和行为准则，对大学生的价值观形成具有重要影响。通过开展形式多样、内容丰富的校园文化活动，学校可以向学生传递社会主义核心价值观，引导其树立正确的人生目标和责任意识。比如，组织学生参与志愿服务、社会实践等公益活动，培养其奉献精神和社会责任感；开展爱国主义教育，激发学生的家国情怀和民族自豪感；举办文明礼仪培训，提升学生的道德修养和文明素质。这些活动不仅丰富了学生的校园生活，更在潜移默化中影响着他们的价值取向和道德品质。

其次，校园文化的德育意蕴还体现在其环境熏陶和氛围感染功能上。校园环境是学生学习生活的主要场所，其物质文化环境和精神文化氛围对学生的身心发展具有重要影响。一所学校的校训校风、建筑景观、文化设施等，无不折射出其文化内涵和育人理念。比如，在校园里设置名人雕塑、格言警句，营造学术氛围；在教学楼、宿舍楼张贴公益广告，传播正能量；在图书馆、博物馆等场馆开展系列展览，弘扬中华优秀传统文化。这些育人元素浸润在校园环境之中，对学生的道德情感和审美情趣产生着潜在影响，使其耳濡目染、润物无声地接受德育熏陶。

最后，校园文化活动还能发挥德育的实践养成功能。校园文化活动是大学生参与度最高、最易产生认同感的一种教育形式。在参与活动的过程中，学生不仅能获得情感体验、陶冶道德情操，还能内化道德认知、养成文明行为习惯。例如，通过参与校园文化艺术节、体育竞赛等，锻炼学生的合作意识、责任担当和吃苦精神；通过组织诚信考试、诚信考勤等，培育学生诚实守信的品德；通过开展各类主题征文、辩论赛等，提高学生的语言表达能力和批判性思维。这些实践活动为学生提供了亲身体验、内化外化的机会，使他们在活动中受到德育的感染和浸润。

需要指出的是，发挥校园文化德育功能，提升校园文化建设内涵，关键在于将显性教育和隐性教育相结合、将理论学习和实践锻炼相统一。一方面，要充分利用校园广播、橱窗、网站等阵地，加强校园文化的宣传教育，提升师生的文化自觉和道德意识；另一方面，要从实际出发，因地制宜地开展贴近学生、贴近生活、贴近实际的校园文化活动，让学生在参与中受教育、长才干、强本领。只有持之以恒地将显隐结合、内外兼修，才能不断提升校园文化的育人内涵，更好地发挥其塑造师生价值观念、涵育师生道德情操的功能。

校园文化是凝聚人心、涵养德行的重要平台，其德育意蕴不容忽视。在新时代背景下，高校要站在立德树人的战略高度，系统谋划校园文化建设，创新工作方式方法，不断提升校园文化的思想内涵、精神品位和育人质量，为培养德、智、体、美、劳全面发展的社会主义建设者和接班人提供强大精神动力和文化支撑。这既是加强大学生思想政治教育、深化高等教育综合改革的必然要求，也是建设高水平人才培养体系、促进学生全面发展的重要举措。只有切实发挥好校园文化的德育功能，才能更好地引导大学生树立远大理想、铸牢精神之柱、扣好人生第一粒扣子，为实现中华民族伟大复兴的中国梦贡献青春力量。

（二）主题文化活动与道德课堂

主题文化活动是高校德育工作的重要载体，其丰富多彩的形式和鲜活生动的内容，为德育教育提供了广阔的舞台。通过精心设计和组织各类主题文化活动，高校可以将德育理念融入其中，创设生动形象的道德课堂，引导大学生形成正确的价值观念和道德品质。

主题文化活动的德育价值首先体现在其教育内容的针对性和时代性。高校可以围绕社会主义核心价值观、爱国主义教育、志愿服务精神等主题，开展形式多样的文化活动，使德育内容更加贴近大学生的现实生活，引发情感共鸣。例如，通过组织“弘扬雷锋精神，传递正能量”主题活动，引导大学生践行社会主义核心价值观，树立奉献意识和责任担当。又如，举办“铭记历史，勿忘国耻”主题活动，加强爱国主义教育，激发大学生的爱国热情和民族自豪感。这些富有时代特色和教育意义的主题活动，有助于将抽象的德育内容具体化、形象化，增强其吸引力和感染力。

其次，主题文化活动还能发挥德育的实践育人功能。德育不能仅停留在理论灌输层面，更需要通过生动活泼的实践活动，引导大学生内化于心、外化于行。主题文化活动为大学生提供了亲身参与、积极实践的机会，使其在活动中接受道德洗礼，锤炼意志品质。例如，通过组织“践行绿色环保，建设美丽校园”主题活动，引导大学生亲身参与环保实践，培养其环境保护意识和社会责任感。再如，开展“弘扬中华传统美德，培育当代大学生”主题活动，通过诵读国学经典、体验传统文化等形式，使大学生在潜移默化中感受中华民族的优秀道德品质，树立文化自信和价值自觉。这些寓教于乐的实践活动，为大学生的道德实践提供了广阔舞台，有助于将德育内化为行为习惯和品格修养。

最后，主题文化活动还能营造良好的校园文化氛围，发挥环境育人的隐性德育功能。高雅向上、充满正能量的校园文化，对大学生的价值观念和道德品质具有潜移默化的影响。高校可以利用主题文化活动，精心营造体现社会主流价值观念的校园文化环境，使大学生在耳濡目染中受到道德熏陶，形成良好的道德品质。例如，通过开展“礼敬中华优秀传统文化”主题活动，在校园中营造尊师重教、礼仪之邦的传统文化氛围，引导大学生树立优良学风和道德风尚。再如，开展“传承红色基因，争做时代新人”主题活动，在校园中弘扬革命先烈的崇高精神，激励大学生坚定理想信念，砥砺奋斗品格。良好的校园文化环境可以成为润物无声的德育力量，潜移默化地影响和塑造大学生的道德品质。

主题文化活动是高校德育工作的重要抓手，其在教育内容、实践育人和环境熏陶等方面具有独特优势。高校应充分发挥主题文化活动的德育功能，将社会主义核心价值观、爱国主义精神、中华优秀传统文化等德育内容有机融入其中，创新活动形式，丰富教育载体，营造良好的校园文化环境，使大学生在潜移默化中受到道德感召和价值引领。只有不断深化主题文化活动的内涵，提升其德育实效，才能为立德树人根本任务的实现提供有力支撑，为培养德、智、体、美、劳全面发展的社会主义建设者和接班人贡献力量。

（三）创新实践与德育效果

创新实践是校园文化活动的重要组成部分，对于提升德育效能具有不可替代的作用。通过创新性的活动设计和实践探索，学生能够在参与过程中获得更加生动、深刻的德育体验，内化并践行社会主义核心价值观。

从知识层面来看，创新实践活动能够帮助学生将德育知识与现实生活相结合。通过亲身参与志愿服务、社会调研、公益劳动等实践活动，学生能够更加直观地认识社会，理解国情民生，增强社会责任感。同时，创新实践也为学生提供了运用所学德育知识解决实际问题的机会，加深了他们对理论知识的理解和掌握。在探索未知、克服困难的过程中，学生能够感悟德育真谛，树立正确的人生观和价值观。

从能力层面来看，创新实践是培养学生德育能力的重要途径。在实践活动中，学生需要运用批判性思维分析问题，创造性地提出解决方案，并付诸行动加以验证。这一过程不仅锻炼了学生的逻辑推理、创新思维等智力因素，更重要的是提升了他们道德判断、价值选择、自我管理的综合素质。通过创新实践，学生能够在复杂的现实情境中检验自己的德育修养，增强道德实践能力，为未来走向社会奠定良好基础。

从情感态度层面来看，创新实践有利于培养学生积极向上的精神风貌。在创新实践活动中，学生往往要面对种种挑战和困难。但正是在攻坚克难的过程中，他们才能深切体会奋斗的艰辛和成功的喜悦，感悟集体主义精神和爱国主义情怀的可贵。这些宝贵的情感体验能够引导学生正确认识个人与集体、个人与国家的关系，坚定理想信念，激发昂扬向上的精神状态。可以说，创新实践活动是学生德育情感培养的沃土。

此外，创新实践还能促进校园文化活动形式的多样化发展。传统的德育活动往往以说教式的主题班会、知识讲座为主，学生参与的主动性和积极性不高。而创新实践活动则强调以学生为主体，鼓励学生根据自身特点和兴趣爱好，自主设计、组织、开展形式多样的校园文化活动。这种参与式、体验式的活动形式更符合当代大学生的特点，有利于增强德育工作的吸引力和感染力。

四、高等教育与青年德育协同的校园文化建设

（一）协同发展理念与战略部署

高校德育工作要与校园文化建设相结合，形成育人合力，实现共同发展的思路。这一理念的提出，旨在破解长期以来高校德育与校园文化“两张皮”的困境，推动二者在目标、内容、途径等方面的有机融合，进而产生“1＋1＞2”的综合效应。

高校应从顶层设计入手，制定统筹兼顾、科学合理的德育与文化建设规划。一方面，要明确德育工作的总体目标和主要内容，将社会主义核心价值观、中华优秀传统文化等融入其中；另一方面，要系统梳理校园文化资源，发掘其德育功能，将师德师风建设、校训校歌传唱等活动纳入德育工作体系。在此基础上，高校还应搭建德育与文化融合的平台载体，促进思想引领、实践养成、环境熏陶的贯通。

高校德育内容要紧扣时代主题，回应学生关切，体现大学精神。同时，还要以文化人、以文育人，将德育内容与校园文化活动巧妙融合。例如，高校可以创作展演弘扬爱国主义的文艺作品，开展体现大学使命担当的教育活动，普及蕴含科学精神的学术文化，等等。这既丰富了德育形式，又提升了文化品位，实现了二者的交融共进。

协同推进是协同发展的重要路径。高校应建立健全德育与文化协同工作机制，成立专门领导小组，定期研究部署，加强督查考核。同时，要整合校内外资源，吸引广大师生参与，形成全员育人格局。例如，高校可发挥共青团、学生会等组织优势，组建德育品牌社团，开展富有教育意义的校园文化节庆；充分利用新媒体平台，创新网络文化产品，扩大德育覆盖面和影响力。唯有多措并举、协同推进，才能实现德育与文化的深度融合。

科学评价是协同发展的重要保障。高校要树立正确的政绩观和发展观，完善德育与文化建设的评价体系。既要注重显性的量化考核，又要重视隐性的质性评估；既要关注结果，更要关注过程；既要评价师生的获得感，也要考察学校的社会声誉度。科学的评价机制有助于掌握德育与文化建设的成效，发现存在的不足，及时改进完善工作，形成常态长效、良性循环的育人机制。

高校作为立德树人的主阵地，必须高度重视并切实加强大学生思想政治教

育。当前，德育与文化在高校教育中的重要地位已经形成共识。推动二者协同发展、同向同行，既是形势所需、发展所向，也是广大师生的共同期盼。这项工作意义重大、任重道远，需要高校领导的高度重视，需要全体教职工的通力合作，更需要全社会的关心支持。让我们携手并进，在高校德育与校园文化的广袤天地里，培根铸魂、启智润心，为党和国家事业发展源源不断地输送德、智、体、美、劳全面发展的社会主义建设者和接班人。

（二）由上而下的推广与实施

由上而下的文化推广与实施是校园文化建设的重要路径，它体现了学校组织对文化建设的重视和引导。在这一过程中，学校领导层需要制定明确的文化发展战略，将校园文化建设纳入学校整体发展规划，形成系统化、制度化的推进机制。同时，学校还应成立专门的文化建设委员会或工作小组，负责统筹协调各项文化活动，确保文化建设的持续性和连贯性。

在具体实施层面，学校可以通过多种形式推广校园文化理念，如召开专题会议、印发文件、开展培训等。这些举措有助于在全校范围内形成对文化建设的共识，调动各方面的积极性和创造性。在推广过程中，学校还应注重发挥榜样示范作用，选树一批体现学校文化精神的先进典型，用生动鲜活的事例诠释文化内涵，引导师生自觉践行文化价值观。

校园文化建设的重要着力点在于将文化理念渗透到教育教学的方方面面。在德育工作中，学校应将社会主义核心价值观融入校园文化活动，引导学生树立正确的世界观、人生观、价值观。在专业教育中，学校可以挖掘各学科蕴含的文化因子，开发富有学科特色的文化课程，提升学生的人文素养和文化自觉。在日常管理中，学校应当用文化理念指导制度建设，营造严谨治学、勇于创新的校园氛围，激励师生追求卓越、勇攀高峰。

由上而下推进校园文化建设，既要发挥学校的主导作用，又要重视学生的主体地位。一方面，学校应当创设丰富多彩的文化活动平台，为学生提供展示才华、锻炼能力的机会；另一方面，学校还应尊重学生的文化创新诉求，支持学生社团开展自主性、多样性的文化实践，激发青春活力与创造潜能。只有在制度设计、资源配置等方面给予学生适度的自主权，才能真正唤起学生参与文化建设的热情，使校园文化真正成为学生成长成才的沃土。

校园文化建设是一项系统工程，需要学校各部门通力合作、协同推进。在组织实施过程中，学校应建立健全协调机制，明确职能部门的分工与职责，形成党委领导、行政支持、职能部门配合、师生广泛参与的工作格局。同时，学校还应完善考核评价机制，将文化建设成效纳入学校、院系和个人考核指标体系，强化制度保障和激励引导，推动文化建设不断深化发展。

校园文化对于高校立德树人、提升育人质量具有不可替代的作用。由上而下推进校园文化建设，体现了学校对文化的高度重视和系统谋划。在这一过程中，学校应发挥组织优势，加强顶层设计，完善体制机制，促进文化理念在教育教学各环节落地生根；同时，学校还应尊重学生主体地位，为学生搭建文化活动平台，激发创新活力，使校园文化建设始终沿着正确方向阔步前行。只有坚持上下联动、内外兼修、知行合一，校园文化才能真正成为引领师生发展、凝聚奋进力量的精神高地。

（三）持续优化与反馈调整

持续优化与反馈调整是校园文化建设中德育协同发展机制不断完善的关键。校园文化作为高校精神文明建设的重要载体，其内容和形式都应与时俱进，紧跟时代发展步伐。在这一过程中，如何确保校园文化活动始终围绕立德树人根本任务，将社会主义核心价值观融入其中，发挥育人功能，是一个值得深入探讨的问题。

1. 建立科学、规范的评价体系

通过制定明确的评价指标和标准，定期开展校园文化活动的评估和反馈，可以及时发现活动中存在的不足，总结推广优秀经验，不断提升活动的育人效果。评价指标应涵盖活动的主题内容、组织形式、参与度、满意度等多个维度，既要重视定量分析，又要注重定性描述。评价主体应包括学生、教师、管理者等不同群体，通过问卷调查、访谈座谈、观察记录等多种方式收集全面、客观的反馈信息。在此基础上，要及时将评价结果反馈给活动组织者和参与者，帮助其查找问题原因，制定改进措施，形成闭环管理。

2. 建立开放、互动的校园文化生态

一方面，要搭建师生广泛参与的平台和渠道，畅通意见反馈机制。鼓励师生就校园文化活动的主题、内容、形式等提出意见和建议，积极参与活动策划和组织，增强其参与感和主人翁意识。另一方面，要主动吸纳校外优质文化资

源，拓宽校园文化活动的视野。通过与地方文化部门、社会组织等开展合作，引进优秀文化项目、邀请知名专家学者开展讲座，丰富校园文化生活，提升文化品位。同时，还要注重挖掘、培育学生社团、志愿者组织等校园文化主体，发挥其生力军作用，增强校园文化的生机和活力。

3．加强校园文化活动的过程管理和动态调整

在活动实施过程中，管理者要深入一线，及时了解活动开展情况，发现并解决实际问题。要关注师生的反应和评价，根据反馈意见动态调整活动方案，优化活动流程和内容设置。对于师生反映强烈的共性问题，要高度重视，深入剖析原因，制订整改方案，确保活动沿着正确方向推进。对于行之有效的做法和经验，要总结提炼，形成可推广、可借鉴的工作模式，并在更大范围内推广应用。

第三节　社会实践与志愿服务

一、社会实践中的德育目标设定

（一）德育目标的重要性

社会实践中德育目标的设定对于实现实践活动的育人功能具有决定性意义。德育目标是社会实践活动的灵魂和方向标，它直接决定着实践活动的内容设计、过程组织和效果评价。只有明确了社会实践中的德育目标，才能有的放矢地开展实践活动，使其真正成为大学生德育的有效途径和重要阵地。

社会实践作为高校德育工作的重要组成部分，其首要任务就是要培养大学生正确的世界观、人生观、价值观。这就要求在设定社会实践德育目标时，必须坚持马克思主义的指导地位，深入贯彻党的教育方针，将社会主义核心价值观融入实践活动的全过程。具体而言，社会实践德育目标应包括理想信念教育、爱国主义教育、集体主义教育、劳动观念教育等多个方面。通过参与社会实践，引导大学生坚定理想信念，珍惜当代大学生的光荣身份，立志成长为中国特色社会主义事业的建设者和接班人；引导大学生胸怀祖国、心系人民，把个人理

想融入国家富强、民族振兴的宏伟事业中；引导大学生树立正确的劳动观，懂得“幸福是奋斗出来的”的道理，自觉把劳动实践作为实现人生价值的重要途径。唯有如此，社会实践活动才能充分发挥育人功能，为大学生健康成长提供丰厚滋养。

明确德育目标还有助于社会实践活动的科学设计和有效开展。一方面，德育目标的设定为实践活动提供了基本遵循和行动指南。教育者可以根据德育目标的要求，从育人的高度来审视、设计实践活动方案，增强活动的思想性、针对性和有效性。另一方面，德育目标也是评判社会实践活动成效的重要依据。通过对照德育目标，可以及时发现实践活动中存在的问题和不足，并加以改进完善，从而不断提升实践育人质量。可见，德育目标犹如一座灯塔，为社会实践活动导航护航，使其沿着正确方向破浪前行。

值得注意的是，社会实践德育目标的设定既要立足当前，又要着眼长远。一方面，要根据大学生思想实际和成长需求，设定切合实际、可感可知的阶段性目标，激发大学生参与社会实践的内在动力。另一方面，要立足社会发展和时代要求，设定富有前瞻性、引领性的远景目标，培养大学生的家国情怀和使命担当。只有在近期目标和远期目标的辩证统一中，社会实践的德育功能才能得到最大限度的发挥。

系统设定社会实践德育目标，还需要处理好显性目标和隐性目标的关系。显性目标主要指实践活动方案中明确规定的目标，具有鲜明的价值引领和行为导向作用；隐性目标则是指蕴含在实践活动中的育人因素，对大学生产生潜移默化的影响。在设定社会实践德育目标时，既要重视显性目标的导向作用，又要关注隐性目标的熏陶作用，使两者相互补充、相得益彰。例如，在支教实践活动中，显性目标可以是培养大学生助人为乐、奉献爱心的品德，而隐性目标则可能是锻炼大学生的组织协调能力、提高其社会适应能力等。只有统筹兼顾、注重实效，才能使社会实践活动的德育目标落到实处、开花结果。

（二）目标设定的具体方法

制定适合青年学生成长需求和社会发展需要的德育目标，是高等教育德育工作的关键环节。在确立具体目标时，应充分考虑青年学生的身心发展特点、价值观形成规律以及社会对人才培养的期望。

德育目标要契合大学生的认知水平和情感诉求。这一阶段的青年正处于世界观、人生观、价值观形成的关键期，思维逐渐成熟，但也容易出现价值观念迷茫、情绪波动等问题。因此，德育目标应引导学生树立正确的人生理想，陶冶高尚的道德情操，培养自尊自律、诚实守信的品格，帮助其顺利完成从青春期到成年期的过渡。

德育目标要紧密结合国家发展战略和社会进步需要。在全面建设社会主义现代化国家的新征程中，培养担当民族复兴大任的时代新人是教育的根本任务。德育工作必须围绕这一目标，引导青年学生坚定理想信念，涵养爱国情怀，激发责任担当，自觉将个人成长与国家发展、民族复兴相统一。同时，德育目标还应顺应社会发展的时代特征，培养学生的创新精神、实践能力、沟通协作等现代素养，使其成为适应和引领社会发展的优秀人才。

在具体制定德育目标时，可以从价值引领、行为养成、能力培养等维度进行设计。价值引领旨在帮助学生树立正确的世界观、人生观、价值观，增强对马克思主义的政治认同、思想认同和情感认同，用社会主义核心价值观引领人生方向。行为养成则强调通过日常教育、实践锻炼等方式，使学生养成良好的行为习惯，提高道德素养，成为有理想、有道德、有文化、有纪律的社会主义建设者和接班人。能力培养则注重发展学生的批判性思维、创新能力、实践能力等，使其具备主动学习、独立思考和知行合一的素质。

德育目标必须立足青年成长规律和时代发展需求，坚持育人导向，突出实践特色，增强针对性和时代感，引导学生成长为德、智、体、美、劳全面发展的社会主义建设者和接班人。这既是新时期高校德育工作的重要着力点，也是推进高等教育内涵式发展、提升人才培养质量的必然要求。只有不断深化对德育规律的认识，创新工作理念和方法，完善评价考核机制，才能真正发挥德育在立德树人中的关键作用，为国家发展和民族复兴提供坚实的人才支撑。

二、志愿服务活动的德育内涵

（一）志愿服务对德育的影响

志愿服务作为一种崇高的社会实践活动，在培育大学生德行和价值观方面具有独特优势。通过志愿服务，大学生能够将所学知识与社会实践相结合，在服务他人、奉献社会的过程中，加深对所学知识的理解和内化，增强运用知识服务社会的能力。更为重要的是，志愿服务蕴含着丰富的德育资源，能够引导大学生树立正确的世界观、人生观和价值观，培养其关爱他人、乐于奉献的高尚品德。

志愿服务对大学生品德培育的作用主要体现在以下几个方面：首先，志愿服务能够培养大学生无私奉献、乐于助人的价值取向。在志愿服务中，大学生需要付出时间和精力，甚至遇到种种困难和挫折。但是，当看到自己的付出给他人带来帮助和快乐时，他们能够体会到奉献的意义和快乐，进而形成“助人为乐”的价值观念。其次，志愿服务有助于锻炼大学生吃苦耐劳、坚忍不拔的意志品质。志愿服务往往需要付出艰辛的努力，面对服务对象的特殊需求，志愿者需要具备吃苦耐劳的品格。在克服困难、坚持服务的过程中，大学生的意志品质得到锻炼和提升。最后，志愿服务能够增强大学生的社会责任感。通过亲身参与社会服务，大学生能够更加直观地感受社会需求，意识到自身肩负的社会责任，进而以“立德树人，服务人民”为己任，增强责任意识和担当精神。

此外，志愿服务还能促进大学生诚信友善、平等尊重等优秀品德的养成。在志愿服务中，大学生需要诚实守信，友善对待服务对象，尊重每一个生命个体。这些品德在服务实践中得以强化和内化，逐渐成为大学生自觉遵循的行为准则。从心理学角度看，志愿服务对大学生同理心、换位思考能力的培养也具有重要作用。在与服务对象的互动中，大学生学会站在他人角度思考问题，体会他人的情感和需求，这有利于培养其同理心和人文关怀意识。

志愿服务不仅能够引导大学生树立正确的世界观、人生观和价值观，更能在服务实践中培养其诚信友善、乐于奉献、吃苦耐劳等优秀品格，增强其社会责任感和同理心。高校应高度重视志愿服务的育人功能，将其纳入德育工作的整体规划，创新志愿服务内容和形式，完善相关制度和保障措施，引导更多大学生积极投身志愿服务，在服务实践中追求自我完善和全面发展。只有这样，才能最大限度地发挥志愿服务在大学生德育中的独特作用，培养德、智、体、美、劳全面发展的社会主义建设者和接班人。

（二）志愿服务中的德育要素

志愿服务中的德育要素包括奉献精神、责任意识、同理心、助人为乐的态度以及勇于实践的品格。这些要素对于培养青年学生高尚的道德情操、正确的价值观和积极向上的人生态度具有重要意义。

1. 奉献精神

在服务过程中，青年学生需要付出时间和精力，甚至面临一定的困难和挑战。这种无私奉献的精神有助于他们克服自私自利的倾向，树立“我为人人，人人为我”的集体主义观念。同时，奉献精神也是社会主义核心价值观的重要组成部分，对于培养学生的家国情怀和社会责任感具有积极作用。

2. 责任意识

在服务中，青年学生需要履行自己的承诺，尽心尽责地完成任务。这一过程不仅能够锻炼他们的责任心和使命感，更能帮助其形成对他人、对社会负责的价值取向。责任意识的培养有利于学生树立远大理想，勇于担当，成长为敢于负责、甘于奉献的时代新人。

3. 同理心

服务对象往往处于困境或弱势地位，需要志愿者以平等、尊重的态度去理解他们的处境和需求。这种换位思考、设身处地为他人着想的能力，是志愿服务的情感基础。通过与服务对象的互动交流，青年学生能够领悟“老吾老以及人之老，幼吾幼以及人之幼”的人文情怀，增强对他人的关爱之心。

4. 助人为乐的态度

在帮助他人、服务社会的过程中，青年学生能够感受到“施比受更有福”的快乐体验。这种积极的情绪反馈有助于强化学生乐于助人的意识和行为，使之成为一种内在需要和稳定品质。同时，助人为乐的价值追求也符合中华民族“以和为贵”的传统美德，对于弘扬中华优秀文化、构建和谐社会具有重要意义。

5. 勇于实践的品格

通过参与社会实践，青年学生才能将所学知识和道德观念转化为具体行动，在服务中加深对理论的理解和对品德的感悟。这种知行合一、身体力行的实践品格，不仅是学生全面发展的必然要求，更是中国特色社会主义建设的现实需要。只有在实践中砥砺意志、磨炼品格，青年学生才能真正成长为德、智、体、美、劳全面发展的社会主义建设者和接班人。

三、高等教育与青年德育协同的社会实践活动设计

（一）构建协同发展模型

社会实践与志愿服务是高等教育中德育工作的重要载体，其中蕴含的丰富育人资源为青年学生的成长提供了广阔舞台。在新时代背景下，构建高等教育与青年德育协同发展的社会实践模型，对于创新德育工作方式、提升德育实效性具有重要意义。

理论是实践的指导，实践是理论的根基。高等教育与青年德育的协同发展，需要在理论探索与实践总结中寻求突破。一方面，我们要立足德育工作规律，借鉴教育学、心理学等学科理论，为社会实践活动的开展提供科学指导。系统梳理社会实践中蕴含的德育元素，探索实践育人的内在机理，构建起完整的理论体系，才能为实践活动的设计提供可靠的理论支撑。另一方面，社会实践作为大学生走向社会的重要途径，其形式和内容应随着时代的发展不断创新。通过深入调研分析大学生成长需求，总结实践育人的经验做法，不断完善活动设计，丰富实践内容，创新实践形式，理论才能焕发生机活力。

构建协同发展的社会实践模型，关键在于发挥高校、社区、企业等多元主体的协同效应。高校作为人才培养的主阵地，在社会实践活动的组织中应发挥主导作用。通过整合教学、科研、管理等方面资源，建立健全社会实践管理体系，为大学生提供政策支持和经费保障。同时，高校还应充分发挥学科优势和人才优势，鼓励教师将专业知识与社会实践相结合，以项目化的方式开展实践教学，提高活动的针对性和有效性。社区、企业等校外单位则应发挥自身优势，为大学生提供多样化的实践平台。通过建立校地、校企合作机制，拓展实践基地，丰富实践内容，为大学生成长搭建广阔舞台。

志愿服务作为社会实践的重要方式，在青年学生的成长中发挥着独特作用。参与志愿服务，能够引导大学生践行社会主义核心价值观，增强其社会责任感和奉献精神。为了充分发挥志愿服务的育人功能，高校应将其纳入人才培养体系，制定完善的志愿服务管理制度，加强过程指导和总结评估。在志愿服务形式上，要紧密结合青年学生特点，设计贴近生活、富有吸引力的项目内容。同

时，还要注重挖掘服务过程中的教育契机，引导学生在服务他人、奉献社会的过程中提升自我、实现成长。

构建高等教育与青年德育协同发展的社会实践模型，需要在理论与实践的良性互动中不断完善。只有立足德育规律，广泛凝聚社会合力，创新实践形式，才能充分发挥社会实践和志愿服务在青年学生成长中的独特作用。这不仅是新时代赋予高等教育的使命担当，更是推动青年学生全面发展的必然要求。在加强顶层设计、完善配套措施的基础上，深入推进协同育人，必将为培养担当民族复兴大任的时代新人提供坚实保障。

（二）活动设计的核心要素

社会实践活动设计是高等教育与青年德育协同发展的关键环节。在设计实践活动时，需要综合考虑多方面因素，确定清晰的目标定位，选择合适的参与主体，精心设计活动内容，方能达成预期的德育效果。

明确活动目标是社会实践活动设计的首要任务。活动目标既要符合高等教育人才培养的总体要求，又要契合青年学生德育发展的特点和需求。一方面，社会实践活动要与专业教学相结合，培养学生运用专业知识服务社会的意识和能力；另一方面，实践活动还应关注学生全面发展，提升其道德品质、社会责任感、创新精神等综合素质。只有将知识、能力、品德有机融合，才能实现“教书”与“育人”的统一，引导学生在服务社会的过程中实现自我价值。

参与主体的选择也是社会实践活动设计中不可忽视的重要内容。高校应根据活动主题和目标，有针对性地组织学生、教师、校友等不同群体参与社会实践。学生是实践活动的主力军，要充分调动他们的积极性，发挥主体作用。教师则要发挥引导和示范作用，以自身专业特长和人生阅历帮助学生提升实践能力。邀请优秀校友参与不仅能拓宽学生视野，还能增强校友对母校的认同感。构建多元互动的实践共同体，有利于实现教学相长，提升活动的育人实效。

实践活动内容的设计应力求多样性和针对性。要从青年学生的认知特点和兴趣爱好出发，开发富有吸引力和挑战性的实践项目，激发学生参与热情。活动形式可以多种多样，如社会调查、志愿服务、创新创业、文化交流等。关键是要把握好理论与实践、校内与校外、线上与线下的结合，为学生提供沉浸式、体验式的学习机会。在活动中，要鼓励学生发挥主观能动性，提出问题、分析问题、解决问题，在实践中增长才干、磨砺意志。同时，活动设计还要注重过程管理和目标达成，把控每个环节，确保活动有序开展、取得实效。

社会实践活动设计的成功与否，在很大程度上取决于是否把握住目标定位、参与主体、活动内容等核心要素。高校应坚持问题导向、需求导向、成果导向，在目标、主体、内容上下功夫，推陈出新，精心设计富有教育意义和社会价值的实践活动。唯有如此，才能推动高等教育与青年德育在实践育人中深度融合，为培养德、智、体、美、劳全面发展的社会主义建设者和接班人提供坚实保障。

四、高等教育与青年德育协同的志愿服务规划

高等教育与青年德育协同的志愿服务规划制定应以志愿服务的核心理念和价值取向为指导。志愿服务不仅是一种社会实践活动，更是一种培育社会主义核心价值观、促进青年全面发展的教育形式。因此，在制定规划时，要始终坚持以立德树人为根本，将社会主义核心价值观融入志愿服务全过程，引导青年在服务他人、奉献社会的过程中升华思想境界、锤炼意志品质。

高等教育与青年德育协同的志愿服务规划制定要遵循志愿服务发展的客观规律。志愿服务作为一项系统工程，涉及组织管理、项目设计、过程实施、效果评估等多个环节。每个环节都有其内在逻辑和特定要求，需要在规划中予以充分考虑和体现。例如，在组织管理方面，要建立健全志愿者招募、培训、管理、激励等制度机制；在项目设计方面，要紧密结合青年成长需求和社会发展需要，开发丰富多样、形式新颖的服务项目；在过程实施方面，要加强过程管理和质量监控，确保服务项目有序开展、安全有效；在效果评估方面，要建立科学规范的评估体系，客观评价志愿服务的成效和不足。只有遵循志愿服务发展规律，才能使规划更加科学合理、切实可行。

高等教育与青年德育协同的志愿服务规划制定要坚持问题导向和需求导向。一方面，要深入分析制约志愿服务发展的突出问题，针对性地提出解决方案和改进举措。例如，针对部分青年参与意愿不高、服务时间不稳定等问题，可以丰富项目类型、创新组织方式，提升志愿服务的吸引力；针对志愿服务专业化水平不高、项目设计缺乏特色等问题，可以加强志愿者专业化培训、建设服务项目资源库，不断提升志愿服务质量。另一方面，要准确把握青年和社会发展的现实需求，增强规划的针对性和适用性。要广泛听取青年学生、社区居民、服务对象的意见建议，深入了解他们的实际需求和期待，使志愿服务项目更加贴近青年、贴近基层、贴近群众。

高等教育与青年德育协同的志愿服务规划制定要注重全局统筹和系统集成。志愿服务是一项复杂的系统工程，涉及校内外多个主体、多种资源。在制定规划时，要统筹兼顾、科学布局、合理配置，形成各主体协同联动、各环节有机衔接的整体格局。例如，要加强校内各部门协调配合，整合教学、科研、实践等各类资源，推动专业教育与志愿服务深度融合；要积极对接地方党委政府、公益慈善组织、社会服务机构等校外力量，实现资源共享、优势互补、协同育人。只有坚持全局统筹、系统集成，才能最大限度地发挥志愿服务的育人功能和社会效益。

参考文献

［1］戚万学，唐爱民．德育原理教程［M］．北京：教育科学出版社，2022.

［2］韩芳．高校体育教育立德树人协同发展研究［M］．北京：中国商务出版社，2020.

［3］龚春苗，马隽，刘芸．大学生德育教育与心理教育协同发展探索［M］．上海：上海交通大学出版社，2023.

［4］李卫东．新时代高校德育理论与实践研究［M］．武汉：湖北人民出版社，2020.

［5］董小作．高等教育全方位协同评估机制创新研究［M］．重庆：西南大学出版社，2022.

［6］曹政．高校德育协同创新研究［M］．北京：人民出版社，2023.

［7］别敦荣．普及化高等教育专论［M］．青岛：中国海洋大学出版社，2022.

［8］彭宗祥．新时代高校工程德育理论与实践［M］．上海：上海财经大学出版社，2020.

［9］鲍荣娟，常雪，吴迪．高校德育工作创新实践研究［M］．长春：吉林出版集团股份有限公司，2021.

［10］孙军，张凤，张敏．现代德育建设与就业规划［M］．沈阳：辽海出版社，2020.

［11］侯天宝．德育与思政课融合实践研究［M］．北京/西安：世界图书出版公司，2021.

［12］乔畅鸿，卢凤华，许静．高等教育的理论和方法研究［M］．长春：吉林出版集团股份有限公司，2022.

［13］李长平，王利梅，蒋廷阁．高校德育教育创新发展研究［M］．北京：中国商务出版社，2023.

［14］马华华．高校德育的传承与创新［M］．北京：北京工业大学出版社，2021.

［15］宋晓宇．高校德育工作创新与发展研究［M］．北京：北京燕山出版社，2023.

［16］高凯，孟琳，王燕．德育原理与实践［M］．哈尔滨：东北林业大学出版社，2021.